ニューヨーク
おいしいものだけ！

朝・昼・夜　食べ歩きガイド

仁平綾

NYにおいしいものなんてない
…ことは、ない！

　アメリカの食べものって、せいぜいハンバーガーとホットドッグでしょ。
と、あるとき知人に真顔で言われ、ハッとした。そういえば私もNYへ移り
住む前は同じような感覚だったし、アメリカの食なんて正直、眼中になかっ
た。ところが百聞は一食にしかず。NYに暮らし、マンハッタンからブルッ
クリンまで食い意地の赴くまま縦横無尽に食べ歩く日々を送って、わかった。
NYはグルメなメトロポリスである（アメリカ全体ではなく、あくまでもNY
の話）。移民による食文化を下地に、新アメリカ料理から地中海料理、カリビ
アンにベトナミーズまで、あらゆる人種の胃袋を満たす世界の味のオンパレ
ード。さらにファーム・トゥ・テーブル、クラフトフード、ヴィーガン…、
次々わき起こるムーブメントで食は多様化＆細分化し、食体験がよりどりみ
どりなのである。結果、飲み食いに明け暮れ、散財しまくり。そんな私の痛
い日々の賜物が、この本である。

　甘味からしょっぱいもの、ビールからハードリカー、B級から星付きレス
トランまで、ストライクゾーン広めの雑食型の私が、基本はハラワタでおい
しさを実感した店のみ。味覚には振り幅があるから、2回以上訪れ、味に唸
った店を選りすぐり、朝昼晩（または夜中）の時間軸に沿って紹介している。
と言いつつ…、店の佇まい、クールなお客さん、シェフの人柄、歴史の奥ゆ
きなんかに揺さぶられ、味に加点されることもしばしば。そんなわけで、複
眼的に感じた“おいしさ”を詰めこんだ、偏愛NY食ガイド本といったところ。
ちなみに写真は、私的NYを疑似体験してもらえたらと、すべてiPhoneで撮
影している。

　この本を片手に、どうぞおいしいNYを。満腹、散財、覚悟のうえで。

仁平 綾

CONTENTS

Chapter 1 時差ボケ、早起き、朝ごはん

ビルの1階で、美しきパン体験　Arcade Bakery — 12

ツナメルトはアメリカのおいしい発明品　Eisenberg's Sandwich Shop — 14

脳みそ目覚める甘さ。ユダヤ版チョコクロ　Breads Bakery — 16

目の前でガーっと生ジュース　Joe & The Juice — 17

NYで味わうカリフォルニア　Dimes — 18

甘酸っぱ辛うまい。メキシコの朝食　Huevos Rancheros — 20

負けないベーグルサンド　Black Seed — 22

パストラミと卵。夢のサンド　Frankel's Delicatessen — 24

地中海料理で、覚醒する朝　Café Mogador — 26

ふかふか3枚重ねのパンケーキ　Buttermilk Channel — 28

寝起きに1杯のコンブチャ　Kombucha — 29

Chapter 2 わけあって、昼にこそ！

この店のピザを求め、人々は橋を渡る　Roberta's — 32

素直にうまい。パスタもデザートも　Via Carota — 34

名建築、アート、シーフード　Flora Bar — 36

ふわふわのクスクスが主役　Kish-Kash — 38

タコスは、おにぎりに通じる庶民食　Los Tacos No.1 — 40

意識高い系フライドチキン　Pies 'n' Thighs — 41

スープにサラダ、パン屋の昼のごちそう　Bakeri — 42

朝ごはんだけじゃもったいない　Egg — 44

ミドルイースタンフードの極小店　Queen of Falafel — 46

Chapter 3　別腹にきっとおさまる、スイートなおやつ

甘い甘いサンデーにときめく　Brooklyn Farmacy & Soda Fountain — 50

ディス イズ アメリカ。バナナプディング　Magnolia Bakery — 52

ユダヤのおやつクニッシュ　Yonah Schimmel's Knish Bakery — 53

きっとこれまで、食べたことがないアイス　Morgenstern's Finest Ice Cream — 54

ドーナッツは断然イースト派な人へ　Dough — 56

ケーキドーナッツと洗車場　Underwest Donuts — 57

軽妙でエレガントなペイストリー　Mah-Ze-Dahr Bakery — 58

NYを味覚で旅するチョコレート　Kreuther Handcrafted Chocolate — 59

ほら穴で繰り広げられる、お菓子のショー　Burrow — 60

甘いパイを肴にお酒を　Four & Twenty Blackbirds Pie Counter & Bar — 62

Chapter 4　NYで食べられる、世界の夜ごはん

ポケットから20ドル札を見つけるような　Estela — 66

メゼはピタパン泥棒　Ilili — 68

知られざるメキシコ料理の顔　Atla — 70

坦々麺と碗雑麺。どちらもすすりたい　Hao Noodle — 72

シルクロードが生んだ、東西融合料理　Oda House — 74

魚のスープや卵料理に震える　Frenchette — 76

肉厚感弾けるラムバーガー　The Breslin — 78

頼れるフランクたちのイタリア軽食堂　Frankies 457 Spuntino — 80

ナチュラルワイン好きならば　The Four Horsemen — 81

おいしいステーキは飲みもの　Peter Luger Steak House — 82

豆ごはんとカリブなおかずをかっこむ　Glady's — 84

ハノイ風牛肉のフォーがしみる　Di An Di — 86

Chapter 5　アメリカ各地のローカルグルメを味わう

贅沢B級グルメ、ロブスターロール　Red Hook Lobster Pound — 90

自動車の街が発祥の四角いピザ　Lions&Tigers&Squares Detroit Pizza — 92

シチリア移民の丸パンサンド、マフレッタ　Court Street Grocers Williamsburg — 93

濃厚な甲殻類シチュー、ガンボは別腹系　Maison Premiere — 94

スパイスまみれのブルークラブ蒸し　Brooklyn Crab — 96

アメリカ南部が誇る肉食文化　Hometown Bar-B-Que — 98

Chapter 6　昼酒も食後酒も。バーでアルコール礼賛

"君が生まれる前から、僕らはここにいる"　McSorley's Old Ale House — 102

マンハッタン、ぐるり360度　The Roof at Public Hotel — 104

クラフトビールおたくの聖地　Grimm Artisanal Ales — 106

ぞくっと幻想的な吹き抜けの下で　The Bar Room at Temple Court — 108

変幻自在なクラフトウィスキー　The Gatehouses — 110

大人のウィスキー蒸溜所見学　Kings County Distillery Tour — 112

バーの新潮流、蜂蜜のお酒ミード　Honey's — 114

{助かる深夜営業}①　夜更けにボルシチ　Veselka — 116

②　NYの元祖ファストフード　Gray's Papaya — 117

③　週末は朝までパストラミ　Katz's Delicatessen — 118

④　24時間、ドーナッツの甘い罠　The Donut Pub — 119

Chapter 7　テイクアウトのうれしい味方

ユダヤのスーパーで、燻製魚介に目移り　Zabar's — 122

チキンと好みのサラダでNY弁当　Smile To Go — 124

買って食べられるグローサリー　Foragers Market — 125

ブルックリンの食材店で肉食考　Marlow&Daughters — 126

ヴィーガンは退屈な素食じゃない　By Chloe. Williamsburg — 128

パリッポリッ、燻製ソーセージ　W-Nassau Meat Market — 129

Chapter 8 食いしん坊の日帰り旅

農園と、カフェと、平飼い卵 Stone Barns Center for Food & Agriculture — 132

夏のビーチ、海の家ならロッカウェイ Rockaway Riis Park Beach Bazzar — 134

楽園で二枚貝をたらふく食べる Fire Island — 136

Chapter 9 本当においしいNYみやげ

馥郁たる秘密のアジト Bellocq Tea Atelier — 142

日本からの指定みやげ、チョコプレッツェル Russ&Daughters — 144

魅惑の、おなら塩 Patel Brothers — 146

オリジナルスパイスに鼻孔全開 SOS Chefs — 148

目においしい、肉オブジェ Yuki&Daughters — 150

まだまだある、NYみやげ — 152

NYの歩きかた — 154

地図 — 156

・ MH はマンハッタン、 BK はブルックリン、 QU はクイーンズの略になります。
・本書に掲載のデータ（住所、営業時間、定休日等）は2019年2月現在のものです。内容は変更されることがあります。
・メニュー名と価格は、2018年6月〜12月の取材時のものです。変更されていることがありますので、参考としてご覧ください。
・無休の店でも、祝日や年末年始は休みになることがあります。また、夏季と冬季で営業時間や定休日が異なる場合があります。必ず事前に確認してからお出かけください。
・急な休みや営業時間の変更、イベントのお知らせなどは、ホームページよりもインスタグラムに掲載されることが多いため、各店のインスタグラムのアカウントを掲載しました。
・朝食のページで紹介していても、昼や夕方まで朝メニューが食べられることがあります。また、ディナーの店として紹介していても、ランチ営業している場合もあります。
・飲食店のチップは通常18〜20％です。セルフサービスのファストフード店やデリなどはチップ不要です。
・ディナータイムは混雑するため、事前に予約することをおすすめします（中には予約不可の店もあり）。予約はOpen TableやResyなどのオンラインで可能なことがほとんどです。
・バーの入口で身分証明書の提示を求められることがあります。年齢のわかるパスポートなどを持参して出かけることをおすすめします。
・量り売りの単位はpound（パウンド。略してlb）です。1パウンドは約450g。ハーフパウンド（227g）、クォーターパウンド（113g）というように希望の量を伝えます。

10

Chapter 1

時差ボケ、早起き、
朝ごはん

日本との時差 −14時間
（サマータイムは −13時間）。
タフな時差ボケにより、まさかの早朝起床。
だからこそのご褒美、朝ごはん。
週末は、遅めの時間から
ブランチを。

ブランチの定番エッグベネディクト。
Buttermilk Channel (p28) の Eggs Huntington

Arcade Bakery

アーケード・ベーカリー

ビルの1階で、美しきパン体験　　MH

素朴で単純な食べものほど、その店の味の真価が問われるものはない。例えばハム＆チーズサンドイッチがそれ。アーケード・ベーカリーのサンドを食べた時、私のハム＆チーズサンド遍歴は一瞬で葬られた。他を寄せつけない、ぶっちぎり。

オーナー兼パン職人は、テレビ業界から転職したロジャー・グラルさん。趣味でピザ作りを楽しんでいたある日、いつもの店のピザ生地が売り切れていたので自分で一から作ってみた。そんな些細な出来事が「パン職人になる第一歩だった」という。料理学校で本格的に製パンを学び、NYのベーカリーやフランスはニースのブーランジェリーなどを経て、アメリカ料理界のドン、トーマス・ケラーが経営するブション・ベーカリーでベーカーを務めた。ピザ作りが趣味の頃からは、きっと予想もつかない転身。独立し、NYにあるオフィスビルの1階ロビーという、意表をつく場所に店を開いたのは2014年のこと。駅ナカのような思わぬ立地で、とびきりの食体験ができる日本からインスピレーションを受けたという。パンがおいしければ、人はやってくる。そんな自負もあって開いた店は、今や客が絶えないベーカリーとなった。

惜しみなく塗られた有塩バター、ローズマリーが薫るハム、コンテチーズ（フランスの熟成ハードチーズ）という三位一体のハム＆チーズサンド（販売は10時半〜）のほか、店頭にはハード系のパンから繊細な層を誇るデニッシュまで常時十数種類が並ぶ。中でもチョコレート・ヘーゼルナッツ・デニッシュは、内側にフランス、ヴァローナのチョコレートを使ったリッチなクリーム、外側の底にガリッと香ばしいヘーゼルナッツのプラリネという素敵なコントラスト。思わず「天才的なパンのおいしさの秘密は？」と本人に聞いてみたけれど、「秘密なんて何も。発酵と穀物、そのふたつが織り成すフレーバーを大事にしたいだけ」と謙虚でピュアな答え。そんな人柄が表れたような美しきパンたちを、壁に作りつけの宙に浮いたみたいな木製テーブル＆ベンチで食べるという新体験。NYでの今日一日が素晴らしいものになる予感しかしない。そんな朝食のはじまりだ。

→ p157　Map B

220 Church Street, New York　TEL 212-227-7895
8時〜15時　土日休
arcadebakery.com
Chocolate Hazelnut Danish $4,　Sourdough bread $7,
Ham & Cheese Sandwich $10,　Pizza $10〜

築100年超えのオフィスビル1階。アーチ型の麗しい天井を眺めながらパンをかじる。(左中)食通の友人も「神」と賞賛したハム＆チーズサンドイッチ。注文は壁の一角に設けられたカウンターで。11時45分からは焼きたてピザも販売。(右下)某ファストフード店的な色合いの持ち帰り用袋。こういう"遊び"があるところもいい。

Eisenberg's Sandwich Shop

アイゼンバーグス・サンドイッチショップ

ツナメルトはアメリカのおいしい発明品　　　MH

　信頼する"食メンター"の一人、故アンソニー・ボーデイン（NYのシェフで人気旅番組のホスト）が自身の番組で紹介したのが、この店のツナメルト。その名の通り、チーズがメルトする（とろける）温かなツナサンドで、冷たいツナサンドを食べ慣れている私には、軽い驚きと興奮をもたらすものだった。マヨネーズで和えたツナと、とろけるチーズを両側から支えるのは、きつね色に焼かれたライ麦パン。さくっ、とろっ、じんわり。万人が喜ぶ食感と一体感。一説によると、とあるダイナーで、チーズ＆マヨネーズのサンドイッチを作っていた際に、偶然ツナサラダがパンの上に落ちてきたアクシデントが始まりとか。真偽のほどはさておき、これはアメリカが世界に誇れる発明品なのでは、とすら思うのだった。

　アイゼンバーグス・サンドイッチショップは、1929年開店。店の大部分を占めるのはオープンキッチンの長いカウンター席で、熟練の料理人たちが揃いのTシャツに身を包み、年季の入った調理器具を操る姿に惚れ惚れする。常連とおぼしき初老の白人男性やサラリーマン風のアジア人が颯爽と入店、慣れた様子でカウンターに腰を下ろし、サンドイッチやバーガーを大口で食らい、また去って行く。その淀みない流れを、勝手のわからない旅行客や、私のようなぼーっとした見物客が邪魔をするといった具合だ。

　サンドイッチ店だけあって、ピーナッツバター＆ジェリーサンドやベーグルサンドなど、ラインナップは約40種。ツナメルトに加えてオーダーするなら、同じくアメリカ生まれのルーベンサンドイッチを。ライ麦パンにコーンビーフ（マリネした後ゆでた牛肉）、ザワークラウト、スイスチーズ、ロシアンドレッシングが定番の組み合わせだけれど、この店では肉をパストラミ（マリネした後スモークした牛肉）に変更可。ジューシーなパストラミのほうが、旨みもありがたみも、ぐっと増す。だから決まって私は、パストラミ版を注文している。

　ところでアイゼンバーグスは、90年の歴史の中でオーナーが5人交代（そのうち一人はレストラン経営の経験がない常連客。そんな無茶な）。そのくせ店の雰囲気は、ほぼ昔のまま。みんなのアイゼンバーグス愛が止まらないのである。

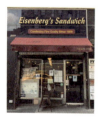

→p157　Map B

174 5th Avenue, New York　TEL 212-675-5096
7時30分〜18時、土9時〜17時、日10時〜15時　無休
eisenbergsnyc.com　@eisenbergsnyc
Tuna Melt $8, Our Famous Reuben $12, Grilled Cheese $5.5

(上)ツナメルトはライ麦パン&アメリカンチーズの組み合わせが定番。全粒粉パンにチェダーチーズなど、パンやチーズは好みのものを選べる。(左下)パストラミ版ルーベンサンドイッチ。

Breads Bakery

ブレッズ・ベーカリー

脳みそ目覚める甘さ。ユダヤ版チョコクロ　　MH

　パン生地を縄のように編んで焼き上げたハラー（Challah）や、デニッシュのような薄い生地に、チョコレートやシナモンを巻き込んだババカ（Babka）。ユダヤ人の移民が多く暮らすNYでは、これまで口にしたことのない、そんなユダヤのパンにたびたび出会う。ユニオンスクエアの近くに店を構え、ユダヤのパンを専門とするブレッズ・ベーカリーがまさにそうで、立ち寄れば買わずにいられないのが、この店のルグラ（Rugelach）。ビターなチョコレートガナッシュと、ヌテラ（ヘーゼルナッツとココアのペースト）をたっぷり巻き込んだ、ミニクロワッサンのようなふた口サイズのペイストリーで、かつん、と脳みそに響く甘みと、ほどよく湿度のあるリッチな食感。朝食抜きで家を出て、ユニオンスクエアのグリーンマーケットをぶらぶらする時は、必ずこの店のルグラをかじりながら英気を養うのがルーティンになっている。ちなみにブレッズ・ベーカリーのチョコレート・ババカは、たびたびメディアに取り上げられる店の代名詞的な存在だけれど、天の邪鬼な私としては（もちろん食べ比べた結果ですが）、シナモンとレーズン、ナッツを巻き込んだシナモンレーズン・ババカをぜひ推したい。

2014年に開店。奥にはイートインできるカフェもある。オーナーでパン職人のウリさんは、イスラエルのテルアビブでもベーカリーを経営。グラノーラや袋入りのパルミエ（一口パイ）など、おみやげも見つかる。

→ p157　Map B

18 E 16th Street, New York　TEL 212-633-2253
6時30分〜21時、土6時30分〜20時、
日7時30分〜20時　無休
breadsbakery.com　＠breadsbakery
Rugelach $2、Cinnamon Raisin Babka $14.95、
Chocolate Babka $14.95、Palmiers $7.25

Joe & The Juice

ジョー&ザ・ジュース

目の前でガーっと生ジュース   MH

店員はみなイケメンというまことしやかな噂で、デンマークより上陸したジュースバー。だからって足を運ぶ人がいるとかいないとか…。イケメンはさておき、私が数あるジュースバーの中からこの店を選ぶ理由はふたつ。まず、目の前で果物や野菜をガーっとして作ってくれる生ジュースが、変化球ぞろいでフレーバーに富んでいること。イチゴ、エルダーフラワー、バナナのヘルオブアナーヴ（Hell of a Nerve）、ターメリック、黒コショウ、パイナップル、にんじんのザ・ガーディアン（The Guardian）、ビーツ、アボカド、バナナ、パイナップル、リンゴのハートビート（Heart beet）あたりを繰り返し飲んでいる。

もうひとつは、北欧のクネッケ（薄焼きパン）のような、厚焼きのクラッカーみたいな香ばしいパンで具を挟んだ平たいサンドイッチ。バゲットやフォカッチャのそれとは違って、お腹にずっしんと重さを感じることなく、朝でも夕方でも軽いおやつ的に食べられるところがいい。ツナ、ハラペーニョ、タバスコがサンドされたピリ辛のスパイシーツナサンドが贔屓のメニュー。

ジュースはイチゴ&バナナのHell of a Nerve。トマト、アボカド、モッツァレラのシンプルなサンドイッチは朝食にぴったり。

（左）席数が多く、広いトイレもうれしいSpring Street店。
（右）Prince Street店（161 Prince Street）は、テラス席から道行くニューヨーカーを観察できる余興付き。

→ p157 Map B

67 Spring Street, New York　マンハッタン内に約20店舗あり。
6時〜21時（土日8時〜）無休
joejuice.com　@joeandthejuice
Juices Small 12oz（355㎖）$7.2.　Sandwich $8.9〜

Dimes

ダイムス

NYで味わうカリフォルニア　　　MH

　グーグルでダイムスを検索すると、"ヘルスコンシャスなカリフォルニアスタイルの料理を提供"とある。カリフォルニア料理ってなんだろう？

　「はっきりした定義はないけれど、たくさんの野菜とアボカドを使うっていうのが特徴だと思う。少なくともダイムスがオープンした2013年当時はね」とオーナーの一人、サブリナさん。ちなみにサブリナさんも、共同オーナーでシェフのアリッサさんもカリフォルニアではなく「ニュージャージー州出身だけど」と笑う。

　まぶしい太陽のイメージが強いカリフォルニア。そのせいなのか、私がダイムスに足を運ぶのは朝や午前中のことが多い。朝ごはんのメニューが充実している、というのも当然ある。フレッシュジュース（ある日のジュースは、にんじん、リンゴ、オレンジ、パイナップルのミックス）に、アサイボウル（ヤシ科植物アサイの実のピュレと、フルーツやグラノーラをボウルに盛ったもの）で、体の中に清々しさを感じて一日をスタートすることもあれば、スクランブルエッグとアボカド、ハラペーニョ・ピクルスを合わせたブレックファースト・サンドイッチでピリっとさくっと、なんてこともある。でも結局行きつくのは、フエボ・カトマンズ（Huevo Kathmandu）という卵の一皿になることが多い。フエボス・ランチェロス（p20）というメキシコ料理の朝ごはんを、"もしもネパールのカトマンズで食べたら？"と妄想アレンジ。スパイスをきかせたひよこ豆、甘いデーツのレリッシュ、ハーブとクミンのチャツネなどが、トルティーヤと一緒に盛り合わされ、もうアジアだかカリフォルニアだかNYだかわからない混沌とした味わいが、とてもNYらしい一品なのだった。

　ところで店内のテーブルは、オレンジ、グリーン、ライトブルー、イエロー、レッドと天板が色とりどりで、気分によって、または写真映えを狙って、好みの席を選ぶ楽しさがある。たいていは店が混雑していて選択の余地がないのだけれど、まだテーブルに余裕がある「朝の時間なら選べるわ！」とサブリナさん。だからダイムスは、やはり朝に行くべき店なのだと思う。

→ p157　Map B

49 Canal Street, New York　TEL 212-925-1300
8時〜23時、土9時〜23時、日9時〜22時　無休
dimesnyc.com　🅞 dimestimes
Daily Juice $6,　Carob Acai $11,　Huevo Kathmandu $13,
Breakfast Sandwich $8.5

人気のアサイボウル、キャロブ・アサイ（写真中央）は、アサイとバナナ、デーツ、シナモン、ココナッツミルク、アーモンドバターという甘酸っぱい構成のボウル。かりかりっと香ばしいヘンプの自家製グラノーラが食感と味を賑やかす。

店員も客もおしゃれ。モデルやアーティスト、著名人も食事に訪れる。印象的だったのは「オノヨーコ。どきどきしたわ！」とサブリナさん。

店から徒歩1分の場所には、サンドイッチなどの軽食も提供する食材店Dimes Market(ダイムス・マーケット)がある。

Huevos Rancheros
フエボス・ランチェロス

甘酸っぱ辛うまい。メキシコの朝食　MH & BK

　数年前、ブルックリンのカフェ（現在は閉店）で味わった人生初の食べものが、フエボス・ランチェロスというメキシコ料理だった。分厚い鋳鉄製のロッジのミニスキレットに、トマトソースにまみれ、サクサクとしっとりが混在した三角形のトルティーヤチップスが敷かれていた。トッピングはアボカド、ラディッシュ、クリームチーズみたいに白く、でも酸味の少ないフレッシュチーズ、真ん中には半熟のポーチドエッグ。フォークでぐしゃっと卵を崩し混ぜながら食べれば"甘酸っぱ辛い"、緩急ある味わい。えらく感激したのを覚えている。

　以来、NYでも旅先でも、メニューにHuevos Rancherosの文字を見つけると、前のめりで頼んでしまう。例えばパンケーキで知られるマンハッタンのクリントンストリート・ベーキングカンパニーでは、大皿に一枚の香ばしいトルティーヤが敷かれ、ワカモレ、ピリ辛のサワークリーム、サルサソース、煮豆、そしてとろけるチーズがもったり、頂上には目玉焼きがふたつ。ブルックリンのレッドフックにあるバー、フォート・ディファイアンスでは、オーバー・イージー（Over Easy）と呼ばれる両面焼きの半熟卵が表面にドン！と乗ったボウルで供される。卵の上にはサワークリームとねぎ、下には丸のままのパリパリなトルティーヤと、ほろほろの豚肉入りチリソース。あるいはまた、週末ブランチで知られるマンハッタンのプルーンでは、トマトソースとチーズが覆いかぶさった目玉焼きに、アボカド、黒豆、三角にカットされた揚げトルティーヤが上品に添えられていて、全体にライムをぎゅっと絞って食べるという具合だった。

　店によってずいぶんと振り幅があるんだなあ。と、メキシコ出身の知人に聞いてみたら、「フエボス・ランチェロスのトルティーヤは丸のままが正解。三角にカットしてフライにするのは、chilaquiles（チラキレス）という別の朝ごはん料理。チラキレスには、スクランブルエッグが添えてあるのが本場の味ね」と言われ、メキシコの朝ごはんへの興味が一層かきたてられたのだった。これからはメニューにchilaquilesの文字を見つけたら、きっとオーダーしなければ。

→ p157　Map B
【Clinton St. Baking Company】4 Clinton Street, New York

→ p159　Map F
【Fort Defiance】365 Van Brunt Street, Brooklyn

→ p157　Map B
【Prune】54 E 1st Street, New York

(左)クリントンストリート・ベーキングカンパニーのフエボス・ランチェロス。大盛りでチーズもたっぷり。(右)フエボス・ランチェロスは、もとは農家の朝ごはん。そんな雰囲気はどこへやら、しゃれてる盛り付けのプルーンの一皿。

フォート・ディファイアンスは卵丼のような見た目。ちなみにこの店は、ゆるいバーだけど、フードがどれもいけている。

Black Seed

ブラックシード

負けないベーグルサンド

MH

ベーグルサンドが得意ではなかった。食べきれないほど大きくて、間に挟んだ具はずり落ちてはみ出るし(なんとも言えない敗北感)、みっちりしたパンの密度に圧倒され、あごも根負けするから。そんな私でも負けないベーグルサンドを見つけたのは、NYと並びベーグルが盛んに食べられているカナダのモントリオール出身のオーナーが、両地のスタイルを融合させたという店、ブラックシードだった。NYのよりも小ぶりで、具との密着度が高いコンパクトサイズ。中は相変わらずモチっとしているけれど、硬度2割減(私比)。生地を蜂蜜入りの湯で茹でるから優しい甘みがあって、薪窯で焼かれた外側はカリッと香ばしい。「茹でるのは7~8分、焼くのは12分ぐらいかな。蜂蜜の効果で小麦色の焼きあがりになるんだ」とは、大きな鍋と薪窯を設えた店頭で「今日は2000個のベーグルを焼くよ！」と教えてくれたベーグルベーカーのゲイレンさん。

ブラックシードには、ベーグルサンドの十八番、スモークサーモン＆クリームチーズ以外にも、心惹かれる選択肢がたっぷりあるところもいい。リコッタチーズ、薄切りリンゴ、蜂蜜をサンドしたミルク＆ハニー、熱々の卵焼きと、とろけるチーズを挟んだエッグ＆チーズシリーズなど。いずれも土台となるベーグルは、好みのものを指定できる仕組みで、前者には塩けのあるソルト、後者にはゴマ、ポピーシード(けしの実)、玉ねぎ、にんにくなどをトッピングして焼いたエヴリシングを選んだら適役だった。ベーグルを軽く焼いてもらうこともできるから、例えば熱々の卵サンドの場合はToasted(トーステッド)と伝えよう。

ところでNYのベーグルショップでは、スクーピング(Scooping)と言ってベーグルの中身をくり抜くことを希望する客がいるらしい。そのほうが具が収まりやすく(確かに…)、炭水化物の摂取が抑えられダイエットになるからだという。だったらベーグルなんか食べなきゃいいのに。ちなみにブラックシードではスクーピングには対応していない。

→ p157 Map B

176 1st Avenue, New York
TEL 646-484-5718
7時~17時　無休
blackseedbagels.com　@blackseedbagels
Milk&Honey $6,　Egg 'N' Cheese $5.75~,
Egg Salad $6.5

NYにベーグルが登場したのは1890年頃。ユダヤ人の移民が売り始めた。(左下)卵焼き&チーズの熱々ベーグル。ベーコンや、アボカド&トマトを挟んだバージョンも。(右下)リコッタチーズとリンゴが爽やかなミルク&ハニー。

Frankel's Delicatessen

フランクル・デリカテッセン

パストラミと卵。夢のサンド　　BK

　ユダヤ移民がNYに残した食の遺産、そのひとつがビーフパストラミ。牛肩バラ肉を塩漬けし、スパイスをたっぷりまぶしてスモークしたもので、功労者は19世紀後半にNYに渡ってきたルーマニアからの移民。かつてのトルコ統治下のルーマニアでトルコ人から伝わった肉の塩漬け方法を、"燻す"というミラクルな発想で発展させたものが起源という。ルーマニア人が用いた肉は豚や羊が主だったけれど、宗教的に豚がNGなユダヤ信者たちは、ガチョウ肉や牛肉をパストラミにした。そんな彼らがNYへやってきて、店で振舞ったのがビーフパストラミというわけ。カッツ・デリカテッセン（p118）のように、ビーフパストラミをライ麦パンで挟んで提供する店が現れたことで、パストラミサンドイッチが広く知られる存在になったという。

　自家製のビーフパストラミ（塩漬けからスモークまで、3週間の時間を要する）を厚切りにし、そのジューシー極まりない塊を、ふわっとろな鉄板焼き卵＆チーズと取り合わせた、夢のトリオサンドイッチがある。ブルックリンのグリーンポイントに、2016年に開店したフランクル・デリカテッセンのパストラミ・エッグ＆チーズサンドだ。ブリオッシュのように"やわ"で甘みのあるハラー（Challah）と呼ばれるユダヤのパンを採用し、アメリカのベーコンエッグサンドをユダヤ風にアレンジした一品。たぶん今のところこの店でしか食べられない。

　フランクル・デリカテッセンは、料理人のザックさんとミュージシャンのアレックスさんというフランクル兄弟が始めた店。彼らの祖母アニタさんからレシピを受け継いだアニタズ・ホット・ブリスケットもまた、この店ならではのサンドイッチ。ユダヤ料理のブリスケットは、牛肩バラ肉と玉ねぎやにんじんを鍋で蒸し煮にした料理。すき焼きみたいな、どこか日本を感じさせる甘辛い具が、ソフトな食感のハラーパンでサンドしてあって、お惣菜パン的。ユダヤ料理に親しみを感じずにはいられない味なのだった。

→ p158　Map C

631 Manhattan Avenue, Brooklyn　TEL.718-389-2302
8時〜16時　無休
frankelsdelicatessen.com　 frankelsdeli
Pastrami-Egg&Cheese $9.64,　Anita's Hot Brisket $15.61,
Classic Smoked Fish Bagel(sandwich) $13,
Matzo Ball Soup $6.95

パストラミ・エッグ&チーズサンドは、京都の喫茶店で食べる卵焼きサンドのデラックス版といった感じ。鉄板の上に卵液を広げ、アメリカンチーズを2枚乗せて、チーズをくるむように折り畳んだ卵焼きは、空気の層を含んでいて、ふわふわ。

老舗のユダヤ食材店を思わせる店内。ユダヤ料理の定番ポテトラトケス(ジャガイモのパンケーキ)、マッツォボールスープ(マッツォと呼ばれるクラッカーの粉で作られた団子を浮かべたスープ)などもある。

Café Mogador
カフェ・モガドール

地中海料理で、覚醒する朝　　　BK

　地中海料理といえば、ムール貝とアサリが載った黄色いパエリア…。そんな貧相なイメージしかなかったから、NYにこんなにも地中海料理の店があり、料理のバリエーションが豊かなことを発見した時の衝撃は大きかった。地中海料理は Mediterranean（メディタレニアン）と呼ばれ、アメリカンやイタリアンと並ぶ食の一ジャンルになっている。該当エリアは地中海を囲む国々、スペインやギリシャ、トルコのみならず、北アフリカのアルジェリアやモロッコ、中東のレバノンやイスラエルも含まれ（むしろそちら側がフォーカスされていたりする）、フムス（ひよこ豆のペースト）とピタパンが代表的な一皿といったところ。

　ウィリアムズバーグのカフェ・モガドールも、そんな地中海料理店のひとつ。メニューは、フムスやタブーリ（パセリのサラダ）、クスクス、タジンなど。中でも素晴らしいのが、朝ごはん。甲乙つけがたい朝食メニューは、ミドルイースタンとイスラエルのふたつ。ミドルイースタンのほうは、フムス、タブーリ、レタスやキュウリのサラダに、好みの調理法の卵とピタパンが盛られたワンプレート。オレガノやゴマがまぶされたピタパンに、卵やフムスを乗っけて食べる。エキゾチックな味わいの喫茶店モーニングといった感じ。一方イスラエルのほうは、同じく卵とピタパンに、7皿の小皿（角切り野菜のサラダ、フムス、ゴマのペースト・タヒニ、トマト＆ハーブソース、青菜、クリームチーズのラブネ、フェタチーズ）が付く本格的なセット。おかずがずらっと並ぶ、旅館の和朝食みたいなわくわく感。酸味、甘み、ハーブ＆スパイスのループで、小皿を巡るフォークが止まらない。

　ところでカフェ・モガドールは、モロッコ出身の女性が80年代にマンハッタンに開店（ウィリアムズバーグ店は2号店）。いずれの店舗も俳優、デザイナー、音楽家などの文化人が集う社交場として知られる。実は私も、席が隣合わせになり会話を楽しんだ相手が、カナダ出身のR&Bシンガーだったことがあって（インスタグラムのフォロワー数を見て、本人の偉大さに気づく…）、美味は垣根を超えて人をつなぐのだ、と朝から気分高まり店を後にしたことがあるのだった。

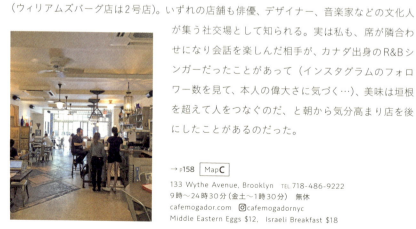

→p158　Map C

133 Wythe Avenue, Brooklyn　TEL 718-486-9222
9時〜24時30分（金土〜1時30分）　無休
cafemogador.com　@cafemogadornyc
Middle Eastern Eggs $12,　Israeli Breakfast $18

上がイスラエル、下のワンプレートがミドルイースタン。卵は、スクランブルエッグ、サニーサイドアップ（目玉焼き）、ポーチドエッグなどから好みのものを注文する。ピタパンは、オレガノやゴマのブレンドスパイス、ザタール（Zahatar）がまぶしてあり、食欲をぐいぐい刺激。朝食は嬉しい午後4時までの提供。朝ごはんをかなり食べ損ねた時にも頼れる存在。

Buttermilk Channel

バターミルク・チャネル

ふかふか3枚重ねのパンケーキ　　BK

　もう何度足を運んだかわからないぐらい、ブランチびいきなのがバターミルク・チャネル。理由は単純、土日にしか食べられない、ふわっふわのバターミルクパンケーキがあるから。黄金色に焼かれたパンケーキは迫力の3枚重ね。添えてあるのは、バターとメープルシロップのみという正統派。ナイフを差し込めば、ふかふかの好感触で、ひときれ食べれば小麦粉やミルクのふくよかな風味が口の中いっぱいに広がる。「ほんのり感じる酸味やクリーミーな風味は、バターミルク（生乳からバターを作った際に残る液体）によるもの」とはオーナーのダグさん。

　もう一品、目当てにしているのが肉厚なフライドポークチョップ。骨付きの豚ロース肉に、パン粉をまぶして揚げたNY版とんかつ。ダグさん曰く「近所にある老舗イタリア肉屋から仕入れている」というその豚肉こそ美味の秘訣。噛みしめるごとに旨みと甘みが滴るジューシーな肉質は、一度食べたらきっと忘れられない味。そんなわけで、日本から友人知人がやってくるたびに、土日の朝はバターミルク・チャネルで決まりとなる。2018年秋には東京店がオープン。パンケーキもポークチョップも東京で味わえるようになったけれど、平和で穏やかな週末のブルックリンの空気は、NY本店でしか味わうことができない。

一皿のボリュームがあるため、3品を4人でシェアしてちょうどいい量。週末ブランチは行列必至。開店時間の10時〜10時半頃に行けば、待たずに座れる確率が高い。

→ p159　Map F

524 Court Street, Brooklyn　TEL.718-852-8490
11時30分〜22時、金11時30分〜23時30分、
土10時〜23時30分、
日10時〜22時（いずれも15時〜17時は閉店）　無休
buttermilkchannelnyc.com　🅞 buttermilkbklyn
Buttermilk Pancakes $13, Eggs Huntington $14,
Fried Pork Chop & Cheddar Waffles $22,
Market Greens Salad $13,
Bloody Marys The Classic $11

Kombucha
コンブチャ

寝起きに1杯のコンブチャ

　昆布茶ではありません。コンブチャ。紅茶や緑茶に、スコビー（Scoby）と呼ばれる細菌＆酵母の培養物（日本では紅茶キノコとして知られる）を加えて、発酵させた飲みもの。"腸内環境を改善するプロバイオティクスが豊富な健康飲料"なんて謳われているものだから、健康オタクのトレンドぐらいに思っていたけれど、スーパーやデリ（コンビニ）の棚にずらりと置かれるようになって、無視できない存在に。飲んでみれば、のどにぴちぴちっとした微炭酸。爽快。酢よりもまろやかな酸味で、ベタっとした砂糖の甘みもない。これこそ日常的に飲みたい炭酸飲料じゃないか。ということで以来、ショウガ、アップル、ポメグラニット（ざくろ）、マンゴー、クランベリーなどのフレーバーをあれこれ飲み比べつつ、冷蔵庫に常備。毎朝、寝起きの一杯はコンブチャ。というコンブチャライフを送っている。前夜の食べすぎで胃がもたれる朝も、コンブチャを飲むとすっきり。二日酔いもコンブチャを飲むと回復が早い気がするし、お通じも快調。食いしん坊には願ったり叶ったりの飲みものなのである。

（下）左から、ブルックリンの元女性シェフによるPilot Kombucha、オーガニックな果物や野菜ジュースを使ったHealth Ade Kombucha、90年代に誕生した全米初のコンブチャブランドGT's。いずれも473mlで$4〜7。キャップを開けると勢いよく中身が飛び出る場合があるので注意。

Chapter 2

わけあって、
昼にこそ！

軽めのメニューでランチ向き。
ディナータイムは激混みだから。
昼間のほうが映えるロケーション…などなど、
とある理由により
熱烈ランチ推しの店。

美術館メット・ブロイヤーの地階にあるFlora Bar（p36）。
街の喧騒を遠くに感じるテラス席

Roberta's

ロベルタス

この店のピザを求め、人々は橋を渡る　　BK

いつもレストラン情報をあてにしている食通の友人が何人かいて、イチローさんはその代表格。日本人とオーストラリア人のハーフで、イケメンの御曹司。NY歴は20年、マンハッタンのとてつもなく素敵なビルディングにお住まいで、ウェストヴィレッジ界隈のレストラン情報に詳しい。そんなイチローさんだから、ブルックリンにはあまり遊びに来ないだろうと勝手に決め込んでいたけれど、美味のためなら橋を渡り、越境することもあるらしい。その行き先のひとつが、ブルックリンのピザレストラン、ロベルタスだという。

「正直なところ、半信半疑で行ったんだけど（笑）。すっごくおいしかった」とイチローさんも言うように、2008年の開店当時は、今よりもっと人けがなくて、すさんでいたであろうブルックリンの倉庫街にぽつんと建つ、粗末な外観の店。アーティストを夢見て移り住んだオーナーが、1年を費やし倉庫を改装して完成させた、DIYなピザレストランだ。

古材のテーブルとベンチ、壁にはチープな電飾がチカチカまたたき、90年代ロックが鳴り響くという、ブルックリンが溢れる空間。店内の薪窯ではピザがせっせと焼き上げられ、忙しなくテーブルに運ばれていく。ひとたびテーブルにピザが置かれたならば、寿司や天ぷらの要領で即座に手を伸ばしたい。三角にカットされた熱々のひときれは、耳の部分がパリッ、クシャッと簡単に音を立てて割れるほどクリスピー。トマトソースやチーズといった具をしっとり受け止めた生地の先端を頬張れば、「このピザだから人々は橋を渡るのだ…」と身にしみてわかる味。ガーリック鬼盛りでも臭いなんて気にせず食べたいリルスティンカー（Lil' Stinker）、ゴルゴンゾーラと辛いハラペーニョが二大裏主役のビーストマスター（Beastmaster）、モッツァレラやタレッジオチーズで構成された白いピザ、チーザスクライスト（Cheesus Christ）。どのピザを選んでも、きっと後悔することはない。

→ p158　Map**C**

261 Moore Street, Brooklyn　TEL.718-417-1118
11時〜24時（土日10時〜）　無休
robertaspizza.com　@robertaspizza
Pizza Lil' Stinker $18,　Pizza Beastmaster $21,
Pizza Cheesus Christ $17,　Romaine salad $14

予約不可、ディナー時は待つことが多いが、平日の昼間であればすんなり席につける。(右下)「小麦粉かぶり席」と勝手に呼んでいる薪窯の前の席では(実際には何も飛んでこないけれど)、ピザがじゃんじゃん焼かれる様子をライブ感覚で。

Via Carota

ヴィア・カロータ

素直にうまい。パスタもデザートも   MH

　むさぼるように、食べてしまった。ヴィア・カロータの生ハムとチーズのタリアテッレ（平たい卵麺）。ソースはパスタの茹で汁とパルミジャーノチーズのみだというのに、とろっとしたコク。乳化の恩恵。チーズの旨みが、手打ちのちぢれた麺に十二分に絡まって、パスタを巻くフォークが止まらない。カチョエペペ（ペコリーノチーズと黒コショウのシンプルなパスタ）もそうだけれど、この店のパスタは、イタリアらしい実直で飾らないものばかり。アルデンテは力強く、塩もきっちりきいている。うまい、のだ。

　ヴィア・カロータは、マンハッタンのウェストヴィレッジでフレンチビストロのBuvette（ブヴェット。東京店もアリ）を営むジョディ・ウィリアムさんと、トスカーナ料理の店I Sodi（イ・ソディ）を営むリタ・ソディさんという女性シェフのカップルが開いた店。「イタリア料理は文化です」と話すトスカーナ州出身のリタさんが、アメリカ出身ながらイタリアに6年ほど暮らしたことのあるジョディさんと共に、旬の食材を尊び、本場の味を再現する真正なイタリア料理がテーマ。フェンネルのサラダ、牛肉のタルタル、トリッパ、グリルしたアーティチョークなど、潤沢な選択肢が用意されている冷温の前菜は、パスタ同様にどれも素直な味わい。ある時、一人のランチだから軽めの前菜を、という私にスタッフが薦めてくれた炭焼きリーク（西洋ネギ）が、今のところマスターピースだ。皿には真っ黒に炭化したネギ3本。中を開けば、蒸し焼きにされたネギがとろけんばかり。ネギの甘み、ヴィネグレットの酢、山羊のチーズの塩けという口の中が幸せすぎる取り合わせ。夏のある日にデザートで食べた、焼き黄桃もまた忘れられない味。ぎゅっと身厚な甘い桃に、たっぷりのマスカルポーネチーズ。店の美学を表現したような、まっすぐ、心に響く一皿だった。

→ p157　Map B

51 Grove Street, New York　TEL 212-255-1962
11時〜24時、木金11時〜1時、
土10時〜1時、日10時〜24時　無休
viacarota.com　@viacarota
Porri Alla Cenere $17,　Porri $18,
Trippa alla Fiorentina $14,　Carciofi Alla Griglia $18,
Tonnarelli Cacio Pepe $20,　Tagliatelle $23

パスタはシンプリシティの極み。予約は取らないので、ディナータイムは数時間待ちのことも。昼の早い時間なら待たずに座れることが多い。インテリアはイタリアのフィレンツェにある古いヴィラをイメージ。シェフ二人が蒐集した雑貨が並ぶ。

炭焼きリーク(左)と焼き黄桃(右)。前菜はほかにも、甘めのトマトソースで煮込んだトリッパ、グリルしたアーティチョークにアイオリソース、ねぎとにんじん、卵、カラスミのサラダ "Porri" など。目移り必至。

Flora Bar

フローラ・バー

名建築、アート、シーフード　　　MH

　NYに来たばかりの頃、アッパーイーストに住んでいた。ドラマ「SATC」や「ゴシップガール」の影響で、「NYといえばアッパーイースト」という夫の謎に乙女な判断によるものだった。美術館やセントラルパークは徒歩圏内だし、高級住宅街をうろつき金満生活を妄想するのは心躍るしで愉快な日々だったけれど、これは！というレストランが少なく（良くも悪くもクラシカル）、不毛なエリアというジャッジが、無礼にも新参者の私によって下されてしまった。

　そんなアッパーイーストに足を運ぶ理由ができたのは、ダウンタウンのノリータで名を馳せているレストラン、エステラ（p66）のチームが、メトロポリタン美術館の別館、メット・ブロイヤー（旧ホイットニー美術館）の地下にレストランを開いたから。フローラ・バーという名のその店で提供されるのは、シーフード＆野菜にフォーカスしたメニュー。フレッシュなオイスターや、生で食べるクラム（はまぐりみたいな二枚貝）はもちろんのこと、"ウニとエビと海苔"、"ズワイ蟹と柚子胡椒マヨネーズ"、"ホタテと梨と行者ニンニク"といった、エステラらしい食材のかけ算。アッパーイーストに不足がちな新機軸で奇襲をかけているかのよう。中でも傑作だったのは、"ロブスターと蟹の餃子、柚子スープ"（ひと言でいえば水餃子）で、甲殻類の旨みを漏らさず詰めた塩味の餃子と、きのこ入りのスープがとことん優しい。飾りにあしわられた緑の葉っぱを噛んだら予想外の酸味がして（葉の正体はスイバ）、ちゃんとエステラしているのだった。

　ディナー営業もしているけれど、"都会のオアシス"というキャッチコピーさながらのテラス席があることや、魚中心の料理は夜に控える勝負ディナーに響かないことから、断然ランチ推し。21世紀の名建築家マルセル・ブロイヤーによるモダニズムな美術館（1960年建造）も、昼間ならすみずみまで堪能できる。

→p156　Map A

945 Madison Avenue, New York　TEL 646-558-5383
11時30分〜22時、日11時30分〜21時　月休
florabarnyc.com 　florabarnyc
Clams with cucumber and jalapeño $20,
Burrata, celery and bottarga $18,
Purple endive salad with pecans and Bayley Hazen Blue $19,
Lobster and crab dumplings in yuzu broth $30

円形の照明を多用した建築家マルセル・ブロイヤーへの敬意をこめ、フローラ・バーの料理の盛り付けにも円形が用いられている。(右上)フレッシュなブッラータチーズに振りかけられているのは、からすみ。魚介のアクセントを忘れない。(左中)生のクラムを、キュウリとハラペーニョのソースでつるりと。(下)傑作のロブスター&蟹の水餃子。

Kish-Kash

キシュカシュ

ふわふわのクスクスが主役　　MH

　クスクスの粒があきらかに細かい。フォークですくって口に含むと、びっくりするほどエアリー。粒と粒の隙間にたっぷり空気が含まれていて、ふわっふわ。某柔軟剤の宣伝文句「ママに抱かれているみたい」という言葉を思い浮かべたほど。理由はただひとつ、セモリナ粉と水で一から作っているクスクスだから。「それがモロッコのクスクスというものです」とは、女性シェフのエイナ・アドモニーさん。そうか、手打ち蕎麦や手打ちパスタがあるのだから"手ごねクスクス"だって当然存在するのだ。「一度に10パウンド（約5kg）、2〜3時間かけて作ります」とエイナさん。二度蒸してから、店名にもなっているキシュカシュと呼ばれる専用ザルに二度通す。イスラエルのテルアビブで生まれ育ったエイナさんが子どもの頃、近所に暮らすモロッコ人の女性に教えてもらったレシピがもとだという。

　もはや主役はクスクス。そこに"添えられる"のは、北アフリカを起源とするユダヤ料理の数々。鶏もも肉とレモンを煮込んだチキンタジン、ドライフルーツとラムのシチュー、白身魚をスパイシーなトマトソースと合わせたChraime（ハイメ）など。「ハイメは金曜夜のシャバット・ディナー（安息日に家族で集まり楽しむ夕食）で食べていたものです。隠し味？　特

にないですよ。チキンタジンだって、すごくシンプル。オリーブオイル、香菜、ニンニク、レモンだけ。ひとつあるとすれば、イスラエルのスパイスですね」とエイナさん。クミンやパプリカのスパイスの香りと旨みが、ソースやシチューの底力になっているのだ。

　エイナさん曰く「モロッコ、チュニジア、リビア、エジプト…、同じクスクスでも国によって異なる文化がある」。知られざるクスクスの世界。その扉のひとつを開いたのが、NY唯一といわれるこのクスクス専門店なのである。

メニュー数は多くなく、営業時間は夜22時まで。ランチ利用が最適。(上)柑橘をたっぷり使うチキンタジンは独特の酸味とほんのり苦みが鍵。(右下)魚のクスクスは柔らかな白身のブランジーノ(スズキ)とスパイシーなトマトソースが好相性。

→ p157　Map **B**

455 Hudson Street, New York
TEL 646-609-5298
12時～22時　無休
kishkashnyc.com　@kishkashnyc
Chicken Tagine $15,
Lamb Couscous $21,
Chraime $19,
Chirchi & Matboucha & Masayer $8

Los Tacos No.1
ロスタコス No.1

タコスは、おにぎりに通じる庶民食 [MH]

　NYのメキシコ料理は長らく、「ブリトーやタコス。安価なファストフード」と軽視されてきた。西海岸に比べメキシコ移民が少なく（爆発的に増えたのは90年代以降）、メキシコ料理の多様性が伝播する機会がなかったからだという。そんなNYで最近、オーセンティックなメキシコ料理店が次々にオープンし、"メキシコ料理革命"なんて言われている。チェルシー・マーケット内にあるタコススタンド、ロスタコスNo.1もそのひとつだ。

　タコスはカルネアサダ（ビーフステーキ）、ポヨアサド（グリルチキン）、アドバダ（マリネして焼いた豚肉）、ノパル（サボテン）の4種類。カウンターで注文し会計を済ませたら、奥のキッチンにいる料理人にチケットを渡し、コーンかフラワー（小麦粉製）のトルティーヤをリクエストする仕組みだ。クリーミーなワカモレが載ったビーフは炭焼き味がしっかり。豚肉のタコスは、ケバブのようなローストポークの削ぎ切りと、パイナップルの甘酸っぱいマリアージュ。驚きだったのはサボテン。2〜3cm角の緑色の物体は、少しヌメッとして、噛むとぎゅっ。茎わかめみたい。そういえばメキシコ出身の知人が「メキシコ料理といえばサボテン。それを食べないとメキシコ料理は語れないよ」と話していたなあ。そんなことを思い出しつつ、ぺろりと完食。食材、味付け、ポーションなどが巧妙に計算された庶民食の完成形。極められたおにぎり。そんな言葉を連想するタコスなのだった。

タコスは右からビーフ、チキン、サボテン。セルフサービスのライムをぎゅっと絞り、大口でかじりつく。椅子はないので、ぱぱっと立ち食いで。

→ p157 Map **B**

75 9th Avenue, New York
（Chelsea Market内）
TEL 212-256-0343
11時〜22時（日〜21時）　無休
lostacos1.com　🅞 lostacos1
Tacos $3.25〜$3.75

Pies 'n' Thighs
パイズンタイズ

意識高い系フライドチキン　　　　　　　BK

　フライドチキン、それからフライドチキンのサンドイッチ。二大ブームが次々やってきては、去っていったNY。それでもアメリカ人のコンフォートフード（おふくろの味）であるフライドチキンの店が街から消えることはなく、変わらず賑わうひとつがパイズンタイズだ。衣はがりっがり、鶏肉は肉汁がみずみずしく、肉質はふんわり。インターネット上で公開されている動画によると、レシピは至極シンプルで、塩、砂糖、カイエンヌペッパー、パプリカ、黒コショウで鶏肉に下味をつけ（約24時間）、その後小麦粉をまぶし、キャノーラ油で揚げるだけ。他店のフライドチキンはしばしば衣のフレーバーが強すぎるのに対して、この店のものは衣に余計な手を加えていない、すっきり塩味。しかも平飼いで抗生物質やホルモン剤不使用、家族経営の農場で人道的に育てられた鶏の肉のみを採用するという、意識高めのフライドチキンなのだった。

　私の注文はいつもフライドチキンボックスと決まっている。鶏肉3ピースとビスケット、好みのサイドディッシュ1品という、昼にふさわしいワンプレート。サイドは濃厚クリーミーなマカロニ＆チーズにして、テーブルに備え付けの酸っぱ辛いアメリカのホットソース（タバスコより酸味があって美味）をたっぷりかけて食べる。USAを満喫した──そう思える一皿である。

胸、手羽、ドラムスティック（モモ肉）のフライドチキンにマカロニ＆チーズ。ビスケットは食べきれず、たいてい持ち帰るはめになる。

→ p158　MapC
166 S 4th Street, Brooklyn
TEL 347-529-6090
10時〜23時、金土10時〜24時　無休
piesnthighs.com　@piesnthighs
Fried Chicken Box $14.5,
Chicken-N-Waffles $13.5

Bakeri
バケリ

スープにサラダ、パン屋の昼のごちそう　　BK

お揃いの水色のジャンプスーツに身を包み、バンダナやキャップで自分流に着こなすおしゃれガールズが、いけてるヴィンテージ空間で、手づくりパンをふるまう。かわいすぎる。ウィリアムズバーグに続き、グリーンポイントに開店した2号店も、そんなバケリのマインドは受け継がれ、変わらずのかわいさなのだった。朝食やおやつがフォーカスされがちだけれど、実は昼ごはん需要も高い店。昼の11時になると、朝の卵料理やタルティーヌ（オープンサンド）に加え、ランチメニューを追加投入。サワードウブレッドにクリーミーなフムスがもりもり、ドライトマトとルッコラが味を引き立てるサンドイッチや、かぼちゃやトマト、豆などがほっくり、あったかなスープ。ケール、フェンネル、ルッコラ、ラディッシュなどの野菜が元気なサラダもあって（いずれもパン付き。パン屋だから）、まさかのごちそうがよりどりみどり。ちなみにオーナーはノルウェー出身のニーナさんで、ヨーロピアンなパンをNYにもたらすべく、バケリをオープン。店のスタッフは定番のパンを作り終えたら、自分の捏ねたい生地を捏ね、焼きたいパンを焼くという、個々の裁量に任せたシステムだといい、「重要なのは楽しむこと。そのほうがおいしくなるから」とニーナさん。だからなのだろう、店頭のショーケースに並ぶパンはいつもふくふくしく、多幸感に満ちているのだった。

→p158　Map C
105 Freeman Street, Brooklyn　TEL 718-349-1542
7時〜19時（土日8時〜）　無休
bakeribrooklyn.com　@bakeribrooklyn
Pastries 約$2〜5、
Hummus/Sun-dried Tomato/Feta & Arugula Sandwich $12、
Soup of the day $7、
Greens/Herbs/Radish/Avocado/Sunflower Seeds/Lemon Juice & Olive Oil $12

(上) 冬のある日のスープはトマト&レンズ豆。フォカッチャ付き。(左下) フムスのオープンサンド。朝ごはん&ランチメニューは16時まで。(右下) パンや焼き菓子は、しょっぱいのから甘いのまで。この並べ方のセンスが半端ない。

Egg
エッグ

朝ごはんだけじゃもったいない　　　　　　　　　BK

一日中朝ごはんが食べられる店としてガイドブックに頻出。2017年には東京店もオープン。朝食のイメージが強すぎて店ではフレンチトーストばかり食べていた私だけれど、取材でシェフに会い、この店の真髄を知ることになったのだった。

ビスケットやグリッツ（とうもろこしのおかゆ）などの南部料理から、パンケーキ、ブリオッシュパンに卵を割り落としチーズをかけた名物のエッグロスコまで、NYにアメリカ南部ならではの朝食文化をもたらすべくスタートした同店。南部出身のオーナーシェフ、ジョージさんに学び、キッチンを担うのはシェフ、エヴァン・ハンザーさん。「エッグは一見カジュアルな朝食レストラン。もちろんそれが目指すところだけれど、僕たちがどう考え、どう調理しているかを知ったら、みんな驚くんじゃないかな」。まさに私がその一人。まず食材への気配り。野菜はローカルな畑や自家菜園から、卵は抗生物質やホルモン剤不使用の平飼い鶏のもの。さらに店奥のキッチンでは、エヴァンさんによる"発酵クッキング"が日夜行われ、ピクルスからフルーツビネガー、複数の唐辛子で作るホットソースまでが自家製されている。また、"Zero Waste（ゼロウェイスト、食材廃棄ゼロ）"を目標に、通常はゴミとなる玉ねぎやにんにくのヘタをパウダー化しシーズニングに加工、ケールの茎は余すところなくピクルスにし、フルーツや野菜のくずは自家製ビネガーに応用するなど、エシカルな美食を実践。地域コミュニティにも積極的に関わり、学校給食の改善、サステイナブルな農業の支援などを行っている。「料理は文化的、政治的、社会的、環境的な要素を含む。料理人は、それらに意識的であるべき」。その姿勢こそがエッグの礎なのだった。

そんなエヴァンさんの料理は、スペシャルメニューとして提供。私の好物はシンプルなヴィネグレット（発酵ビネガーを使うなど、ひとひねりあり）のサラダ、夏ならピクルス液で酸味を加えた冷たい野菜スープ。秋にはヤギ肉の煮込み、冬は根菜のアンダーグラウンドサラダなるものもあるらしい。その味わいの裏側に意識を向けつつ、"食べる"ことが社会に果たせる役割も考えてみたい。

→ p158　Map C

109 N 3rd Street, Brooklyn　TEL 718-302-5151
7時〜17時、火7時〜15時、土日8時〜17時　無休
eggrestaurant.com　@eggrestaurant
French Toast $13.5、Chilled Asparagus Soup $7、
Fried Potatoes with Baba Ganoush $7、
Goat Country Captain $16

ブルックリン本店だからこそ味わえる、エヴァンさんのスペシャル料理。手前から、南部の鶏煮込み料理をヤギ肉で応用した秋の一皿、ババガヌーシュ（ナスのペースト）とポテトフライ、エシャロットを炒めたオイルのドレッシングが野菜の甘みをひきたてるサラダ。（右下）エッグの看板料理のひとつ、フレンチトースト。隠し味は卵液に加えるナツメグ。

Queen of Falafel

クイーン・オブ・ファラフェル

ミドルイースタンフードの極小店　　BK

　ファラフェルは、最初の"ファ"にアクセントがくるのではなく、真ん中の"ラ"にアクセントがくる。「それが正しい発音」と教えてくれたのは、この店のオーナー、ジャスティンさん。サーカスやキャバレーなど、きらびやかなパフォーマンスが夜な夜な繰り広げられるイベントスペース「ハウス・オブ・イエス」のすぐ隣に設けられた、売店のような極小レストラン。ここでとびきりのミドルイースタンフードが食べられるなんて、夢にも思わなかった。9割を超える客が注文しているであろうファラフェル（ひよこ豆のコロッケ）は、バリバリの香ばしい衣と、その食感を気持ちよく裏切るふわふわな中身。「材料？　それは秘密。サイズ、温度、とにかくたくさんの秘密があるんだよ」とジャスティンさんは言い、「そのひとつはオーダーを受けてから揚げること。作り置きなんてダメ、絶対」なんだそう。「あとは、材料をミートグラインダー（肉挽き機）で2回挽く。普通のフードプロセッサーじゃなくてね。秘密だから、あんまり記事に書かないで」ってジャスティンさんに言われたけれど、結局書いてしまった。

　実はジャスティンさんは、NYで80年代から人気を誇る地中海料理店カフェ・モガドール（p26）のオーナー、リブカさんの甥。店のメニューは、二人で何カ月にもわたってリサーチや試食を繰り返し、クリエイトした入魂の作だ。中でも私が傾倒しているのが、サビク（Sabich）。イスラエルでポピュラーな焼きナスの一皿。ローストしてから輪切りにしたナスは、バリバリの皮と、ねっとり甘みのある果肉。トッピングは、ゆで卵、刻んだトマトやキュウリ、パセリにタヒニ（ゴマペースト）のドレッシング。雑に混ぜて、別添えのピタパンと頬張る。ふわっ、もちっ、なピタパンがまた、たまらない。「これも秘密なんだけど、本場イスラエルから冷凍のピタパンを仕入れて、それを店でベイクしてるんだ」とジャスティンさん。たくさんの秘密を教えてくれてありがとう。

→ p159　Map C

2 Wyckoff Avenue　TEL 718-504-8628
11時〜23時（日〜22時）　無休
queenoffalafel.com　@queen_of_falafel
Middle Eastern Plate $12,　Hummus Falafel Plate $10,
Eggplant Sabich $10,　Soup $5

カジュアルなランチ向きの極小店。(上)焼きナスのプレート、サビク。ピタパンは小麦粉製か全粒粉製から選べる。写真のようにファラフェルの追加も可能(別料金)。(左下)ファラフェルのプレート。サンドイッチバージョンもあり。(中央下)夏のある日のスープ。ミントとパセリがたっぷりの涼味満点な冷製トマトスープ。ガリガリに揚げたピタパンを浸して食べる。

Chapter 3

別腹にきっとおさまる、

スイートなおやつ

ユダヤの言葉にこんな名言がある──
"デザートのない食事は、
オチのない物語と同じ"。
まさしく！
ランチを食べて腹ごなしをしたら、
甘美なおやつを別腹へ。

老若男女が心弾ませるアイスクリームパーラー、
Morgenstern's Finest Ice Cream (p54)

Brooklyn Farmacy & Soda Fountain

ブルックリン・ファーマシー&ソーダファウンテン

甘い甘いサンデーにときめく   BK

　1800年代から、ソーダ水は消化不良や慢性疲労を癒やすために愛飲され、薬局にはソーダ水を提供するソーダファウンテンが設けられていたという。苦い薬やハーブをソーダ水に混ぜて飲ませたり、あるいは頭痛に効くと謳ってカフェインやコカイン（！）入りのソーダ水が売られたり。そのうちにソーダ水にフルーツのシロップ、卵、クリームを混ぜたものが振舞われるようになって、起源は諸説あるけれど、アイスクリームを浮かべたソーダフロートや、アイスにさまざまなトッピングをしたサンデーが生まれたのだとか。発明してくれた人には感謝しかない。

　1940〜1950年頃にピークを迎えた、そんなソーダファウンテンを現代に蘇らせたのがブルックリンのキャロルガーデンにあるこの店。1920年代から手つかずのまま放置されていた薬局を改装し、ピーターさんとジアさんのきょうだいでフルーツシロップのソーダ割りや、アイスクリームフロート、サンデーなどを提供している。どっしりレトロなガラスの器に、アイスクリーム、キャラメルソース、マシュマロなどが盛られた甘い塔のときめき、サンデー。生乳にこだわった無添加のアイスクリームに、同じミルクを使ったホイップクリームを飾り、キャラメルソースやマシュマロ、グラノーラもすべて自家製。しっかりおいしさを追求しているその姿勢に、またもや感謝しかない。

　100年前のモザイクタイルの床に、天井でまわるファンがオレンジ色の電球の光をふりまく店内。カウンターで前世紀的なブルースに耳を傾けながら、スプーンでサンデーをひとくち食べれば、気分は一気にドリーミー。ふと横を見たら、小学生の女子たちが赤いチェリーの乗ったアイスクリーム片手に宿題をやっつけ中。後ろのテーブルでは、家族3世代でサンデーを囲み記念撮影大会だ。「おじいちゃんから赤ちゃんまで、あらゆる世代の人が楽しめる貴重な場所。ウィリアムズバーグの店は若い人、アッパーイーストの店は年配の人ばかりだったりするでしょう？　ここではみんなが笑顔になれます」とジアさん。思わず笑みがこぼれるサンデーを食べ終えたら、なぜかとても優しい気持ちになっていた。

→p159 Map F

513 Henry Street, Brooklyn　TEL 718-522-6260
11時〜22時（金〜23時）、土10時〜23時、日10時〜22時　無休
brooklynfarmacyandsodafountain.com
@brooklynfarmacy
Hippy Haven half size $12,　Affugazi Affogato $16,
Bandana Split $15,　Mr. Potato Head half size $12,
Ice Cream Floats $8

（上）スポンジケーキとアイスの塔にエスプレッソをかけて食べるアフォガートサンデー。（左下）20種近いサンデーの中でマイベストはヒッピーヘブン。自家製グラノーラ、バナナ、バニラアイス。焼き目を付けたマシュマロがたまらない。（右下）自家製ハイビスカスシロップのソーダフロート、ピンクプードル。グラスの縁に留まるアイスクリームは神技！

Magnolia Bakery

マグノリア・ベーカリー

ディス イズ アメリカ。バナナプディング MH

　マグノリア・ベーカリーのブルーやピンクのアイシングをほどこしたカップケーキには二の足を踏んでしまうけれど、バナナプディングだけは別格だったりする。アイスクリームのような紙カップに詰められているのは、バニラ風味のカスタードクリームとバナナ、そしてクリームの水分を吸って柔らかくなった丸い焼き菓子のウェイファーズ（Wafers。日本のウエハースとは異なる）。ポイントは、それらが美しいレイヤーの層となっておさめられているのではなく、ラフに無秩序に詰められているところ。しかもカップの縁ぎりぎりまで、ぎゅうぎゅうに。日本のスイーツにはない、その大らかさがアメリカらしさ。

　バナナプディングはアメリカ南部発祥のデザートで、すでに1900年代初頭にはレシピ本に登場していたというロングライフなスイーツ。オーガニックやヘルシーなんていう言葉が、今ほど叫ばれていない時代から愛されているだけに、遠慮のない甘さ。でも、ひとくち、ふたくち食べるうちに、すっかり魅了されてしまう（そして完食してしまう）恐るべきアメリカンスイーツなのである。

マグノリア・ベーカリーのバナナプディングは、S・M・Lの3サイズ。写真のクラシックのほか、チョコレート味もあり。店内にカフェスペースはなく、通りを渡った反対側にある公園で食べるのが通例。

→ p157　Map B
401 Bleecker Street, New York
TEL 212-462-2572
10時〜22時30分（金土〜23時30分）　無休
magnoliabakery.com　@magnoliabakery
Banana pudding size M $6

Yonah Schimmel's Knish Bakery

ヨナシムル・クニッシュ・ベーカリー

ユダヤのおやつクニッシュ

MH

　クニッシュ。その可憐な響きに反して、げんこつ大はある四角いおやきのような貫禄ある姿。かつて東欧からのユダヤ移民がひしめきあうように暮らしていたロウワーイーストサイドの大通り沿いに、ぽつんと1軒だけ残るこの店で今も売られているのが、彼らに愛されてきたスナック、クニッシュだ。マッシュポテトを生地で包んだものが基本形。丸だったり、四角だったり、ベイクしてあったり、揚げてあったり、甘いものもあったりと、さまざまあるらしいけれど、この店のは四角い形でベイクしてあり、しょっぱいのと甘いものの2種類。私がおやつに食べるのはチーズ・クニッシュと呼ばれる後者のほうで、ほんのり温められサーブされるクニッシュをナイフで切れば、はちきれんばかりのチーズ、そしてささやかなフルーツジャム。初めはそのチーズ感に圧倒されるけれど、外側のもっちりした生地と、甘酸っぱいジャムが次第に口の中で心地よく溶け合い、夢中になってしまう。店のスタッフ曰く、チーズはクリームチーズとファーマーチーズ(カッテージチーズ)のミックス。「僕はチーズ・クニッシュを冷やしてアイスクリームと一緒に食べるのが好き。カロリー過多だけどね」とにっこり。なるほど。食べきれなかったクニッシュを持ち帰りながら、その高カロリーなおやつを想像し、にやけ顔になったのだった。

チーズ・クニッシュは、写真のチェリーのほか、リンゴやブルーベリー、チョコレートもある。創業は1910年。かつて東欧系ユダヤ移民が多く暮らしていた頃は、近隣にクニッシュ店が多数軒を連ねていたらしい。

→ p157　Map B

137 E Houston Street　TEL 212-477-2858
10時〜19時　無休
knishery.com　@yonahschimmel
Cheese Knish $4.75

Morgenstern's Finest Ice Cream

モーゲンステーンズ・ファイネスト・アイスクリーム

きっとこれまで、食べたことがないアイス MH

　大人でも心弾むような、食欲が思わずはしゃぐような、色とりどりのアイスクリームが店頭のガラスショーケースに並んで…いない。ローミルク（Raw Milk）、グリーンティー・ピスタチオ、マダガスカル・バニラ、ダスティ・ジャンドゥーヤ（Dusty Gianduja）、ソルテッド・プレッツェル・キャラメル、ピーナッツバターカップ、ヴェトナミーズコーヒー、パッションフルーツ・ストロベリー、バナナカレー…。壁のメニュー表は、味の想像がつくものとつかないもので埋め尽くされ、すぐに注文を決められそうにない。あれこれ思案し、ようやく満を持してオーダー。カップやコーンに入って手渡されたアイスクリームを前のめりで受け取り、その溶けばなを急いで口に含むと、初めて味の合点がいく。イメージ通りだったり、予想を裏切る味だったりするけれど、総じて大満足なのだった。

　オーナーはパティシエで、私も好きでよく通っていたブルックリンのレストラン、The General Greene（ザ・ジェネラル・グリーン）の元オーナー、ニコラス・モーゲンステーンさん。自身でアイスクリームもスタンドも手作りしカート販売した後、ロウワーイーストサイドに路面店を開いた。2018年夏にはフラッグシップとなる2店目をソーホーの北側にオープン。ニコラスさんのアイスクリームは曰く"ニューアメリカンスタイル"で、卵を加えず、脂肪分が少なく、砂糖控えめ。そうすることによって、食材のフレーバーが存分に発揮されるという。これまで味わったことがないクリエイティブなアイスクリームを次々世に送り出し、店もインスタグラムも大賑わい。鳥肌がたつぐらい感動したのはバーント・セージ（Burnt Sage）で、チョコレートがけされたバニラアイスは草っぽいセージの風味、その裏側に微かにスモーキーな味わいが存在していて、人生初の味にドキッとした。フラッグシップ店では、アイスクリームケーキという、「夢」なおやつも販売。子どもの頃からの憧れ、アイスクリームのケーキと寿司のケーキ。そのひとつがこの店で鮮やかに叶った。

→p157 Map B
88 W Houston Street, New York
TEL 212-209-7684
12時〜24時　無休
morgensterns.com　 @morgensternsnyc
Ice Cream 1scoop $5.1,
Ice Cream Cakes 1 slice $13

フレーバーは常時88種類。コーンやカップから選べ、コーンは通常のものと、ワッフル生地のモンスターコーン（プラス1ドル）の2種類。（上）思わずおいしさに震えたバーント・セージ。（下）抹茶のアイスクリームケーキ。上はふわふわの抹茶メレンゲ、中央にピスタチオと抹茶のクランブル入り。アイスクリームケーキ（スライス）は常時4〜5種類を用意。

Dough
ドウ

ドーナッツは断然イースト派な人へ　　　MH

　ドーナッツ、あの丸くて甘くてふわふわでさくさくのスイーツには、"食べもの"を超えた価値がある。なぜなら、どんな大人もドーナッツを前にすると頬がゆるんでしまうから。それを実感する場所のひとつが、メキシコ出身の女性シェフ、フェニーさんが立ちあげたドウ。マンハッタンにある2号店は、広大なキッチンがガラス越しに眺められ、ドーナッツ工場さながらのライブ感。発酵させたイースト生地が丸く抜かれ、油で揚げられて、発色鮮やかなピンク色のハイビスカスや、甘酸っぱいパッションフルーツといった、フェニーさんならではのラテンアメリカンなアイシングがほどこされる。その大ぶりなドーナッツ、旬のその時を逃さないよう、買ったらすぐに店内でかじりつきたい。ついでにドーナッツの穴部分の生地を油で揚げ、シンプルに砂糖がけした丸いボール状のドーナッツホールも、この店で食べなければ気が済まないひとつだ。

→ p157　Map B

14 W 19th Street, New York
TEL 212-243-6844
6時〜20時、金6時〜21時、
土7時〜21時、日7時〜20時　無休
doughdoughnuts.com　@doughdoughnuts
Yeast Doughnuts $3.15〜$3.5,
Filled Doughnuts（クリーム入り）$3.85,
Doughnuts Holes 4 for $1.5

1号店はブルックリンにあり、ドーナッツはフードコート、市内のカフェやグローサリーでも販売。いろいろ試したけれど、私はマンハッタンのこの店で食べるドウのドーナッツが一番気がしている。

Underwest Donuts

アンダーウェスト・ドーナッツ

ケーキドーナッツと洗車場　　　MH

　かなり珍しいドーナッツ体験が待っているのが、アンダーウェスト・ドーナッツ。レストランでシェフとして働いた経験を持つスコットさんがオープンした、ケーキドーナッツの店。マンハッタンのはずれ、ハドソン川が目の前という最西端の12thアベニューに位置し、なんと洗車場の一角というロケーション。ドーナッツを買っているそばから、背後のガラス窓の向こうで騒がしく洗車が進められ、なんだか落ち着かない。レジ奥にあるイートインスペースに向かえば、そこはカー用品売り場の片隅なのだった。そしてもちろん、目の前は見事な洗車ビュー。店内に大音量で流れるブリトニー・スピアーズの曲に不覚にもリズムをとられつつ、ドーナッツをかじりながら、洗車の様子を無心で眺める。誰のだか知らない目の前の車が、チアガールのポンポンみたいな高速回転するゴムの束で、規則的に洗いあげられてゆく。ドーナッツはしっとりした食感で最高の出来だ。車は洗われ、ドーナッツは咀嚼された。洗車とドーナッツ。脈絡のないふたつは、予想外に満ち足りた食後感をもたらすのだった。

隣接のウェストサイド・ハイウェイ・カーウォッシュは、1947年創業の洗車場。人気のドーナッツは、バナナミルクやメープルワッフル。写真はその名もカーウォッシュ。バニラ&ラベンダーのグレーズ。

→ p156　Map A

638 W 47th Street, New York
TEL 212-317-2359
月7時〜15時、火水木金7時〜17時、
土7時30分〜17時、日7時30分〜15時　無休
underwestdonuts.com ◎underwestdonuts
Old Fashioned $2.5、Cinnamon Sugared $2.75、
Glazed donuts(Banana Milik, Maple Waffle,
Carwash) $3.5

Mah-Ze-Dahr Bakery

マゼダ・ベーカリー

軽妙でエレガントなペイストリー　　　MH

　アメリカンドリームは夢なんかじゃない。パキスタン人の両親のもと、ミシガン州で育ったアンバー・アマさんは、銀行に勤務した後、ファイナンシャルコンサルタントとして独立。ストレス解消のため、レシピ本を読みあさり、夜中までケーキを焼くという暮らしを送っていた。ある日、クライアントとして偶然出会ったのが、メディアで活躍するスターシェフのトム・コリッキオ。アンバーさんが友人のために手づくりしたバースデーケーキを味見したシェフが大絶賛。一緒にビジネスを始める話が進み、アンバーさんはペイストリーのオンライン販売サイトを立ち上げる。ファンを獲得した彼女は、2016年に待望のカフェ＆ベーカリーをウェストヴィレッジに構えたのだった。

　ブラウニー、チョコチップクッキー、ドーナッツにチーズケーキ…。店に並ぶのは、アメリカの定番ともいえる焼き菓子やケーキ。でもバナナブレッドは、マドレーヌみたいに丸く薄く焼いてあって軽やかだし、オールドファッションドーナッツは、卵たっぷりの生地にサクッと砂糖のグレーズで、脂っぽさを抑えた高級ベビーカステラのよう。どの味わいにも、軽妙さやエレガントさといった、アンバーさんならではの"らしさ"が、ちりばめられている。

店名の"マゼダ"とはウルドゥー語で"何か特別なことを叶えるもの"という意味。ベイクグッズは日替わり。イートインも可能。NYベストチーズケーキと絶賛されているヘブンリー・チーズケーキは、レモンをきかせた濃厚な味。

→ p157　Map B

28 Greenwich Avenue, New York
TEL 212-498-9810
7時～20時、金7時～21時、
土8時～21時、日8時～20時　無休
mahzedahrbakery.com　@mahzedahrbakery
Old Fashioned Doughnut $4、Banana Bread $4、
Brioche Doughnut $4.5、Dark Chocolate Browney $4、
Heavenly Cheesecake $7

Kreuther Handcrafted Chocolate

クロイター・ハンドクラフティド・チョコレート

NYを味覚で旅するチョコレート　　MH

　ニューヨークチーズケーキへのオマージュかな、この店のマカロンはチーズケーキ味。フランス人もびっくり、と思ったら、パティシエはフランス人なのだった。隣接するフレンチレストランGabriel Kreuther（ガブリエル・クロイター）のパティスリー部門を担うマーク・オモン氏によるショコラティエ。ちなみにレストランのヘッドシェフ、ガブリエルさんとマークさんは、MoMA（ニューヨーク近代美術館）のレストランThe Modern（ザ・モダン）で10年にわたりタッグを組んだ仲。2015年に独立し、早々にミシュラン2つ星を獲得した。

　マークさんが繰り出すチョコレートは、あらゆる食文化が交錯するNYの街を、ぎゅっと凝縮したような四角や丸の粒。ベルギーの白ビール、アメリカのキーライムパイやカリフォルニアの黒米、メキシコのマルガリータ、日本の柚子…と、チョコレートの万博状態。かといって遊びが過ぎることはなく、フレーバーは限りなく繊細で美しい。店頭にはトライフルやタルトなどのスイーツも並び、予約困難な星付きレストランの片鱗を、カフェでカジュアルに体感できるありがたさ。冬にはミルク、ダーク、ホワイトのチョコレート3種をブレンドしたホットチョコレートを。たっぷりのカカオで、恐ろしいぐらいに元気がみなぎってくる。

目移りするチョコレート。チーズケーキマカロンは、プレーン、ミックスベリー、ピスタチオ、塩キャラメル、パンプキンスパイスの5種類。店内にはテーブル席が用意され、スイーツでお茶休憩することもできる。

→ p156　Map **A**

43 W 42nd Street, New York　TEL 212-201-1985
12時～20時　日休
kreutherchocolate.com 🅞 @gkchocolate
Cheesecake Macarons $3,　Trifles $7,
Hot Chocolate small $6.25,
Assortment Chocolate M size box $35

Burrow

バロウ

ほら穴で繰り広げられる、お菓子のショー　　BK

「バロウに行ったけど店を探せなかった」という人がいて、そういうこともあるだろうと思った。なぜならビル1階の奥にひっそり存在する店バロウは、日本語で"ほら穴"の意味。「古い建物のロビーの奥で窓もない。オーブンの熱気で暑く籠もっているから、小動物の住むほら穴と名付けました」とはパティシエの黒川綾子さん。もともとお店にするつもりはなく、初めはカーテンを閉め切ってカスタムオーダーのお菓子を作り、スタジオとして使っていた。友人の力強い助けを借りて、5年前に「おっかなびっくりカーテンを開けた」のが店の始まりだという。

綾子さんのお菓子は、姿も味も、食べ慣れた洋菓子とはちょっと違っている。それは人の心を密かに奪い、感動をもたらす手品のようだ。例えば定番のチーズケーキは、クコの実やハーブが飾られ、一見違うケーキの顔をしている。興味をそそられて口に含めば、淡いチーズの風味がオレンジピールの仕掛けによって別の次元に誘われる。あるいは綾子さんの真骨頂、似顔絵をクッキーで表現したポートレートクッキーは、箱を開けた瞬間に、じゃじゃーん！というドラム音が鳴るような衝撃だった。お菓子でこんなことができるの？というクラクラするような疑問符の嵐、とてつもない手作業を想像して、じんわりと熱い思いが胸にこみあげる。それにしても顔の形や髪の毛、目や口はどうやって再現したのだろう…。種明かしが知りたくて、うずうずしてしまう。

さて、バロウは朝9時にカーテンが開き「開幕する」と綾子さん。第1幕はマフィンやクロワッサンなどの朝食が並び、第2幕は午前11時頃、曰く「嵐の後の静けさ的なスローな時間」に、ケーキや焼き菓子などが店頭に登場する。夕方、閉店前にお菓子が次々にショーケースから姿を消し、午後4時にカーテンを閉めて終幕を迎える。「そうやって劇を想像しながらお店を進めている」のだという。おやつにケーキが食べたければ、第2幕へ。店内には座って飲んで食べられる"観覧席"も用意されている。

→ p159　Map D
68 Jay Street #119, Brooklyn
9時〜16時　土日休
burrow.nyc　@burr0w
Pistachio Cake $5,
Coffee Caramel Cake $5,
Burrow's Cheese Cake $5,
Cream Puff $4,　Cockies $2〜

生まれ育った北海道の濃厚な牛乳、喫茶店のバナナパフェ…。そんな綾子さんの幼い日の思い出が、味に影響を与えているという。(下)ビスケット生地をフリーハンドで切り抜き、筆で表情を描いた、私と愛猫ミチコのポートレートクッキー。事前にオンラインで注文し、写真を送ると制作してくれる（サイズは3種類、$80～。受け取りまで最低3営業日必要）。

Four & Twenty Blackbirds Pie Counter & Bar

フォー＆トゥエンティ・ブラックバーズ・パイ・カウンター＆バー

甘いパイを肴にお酒を

BK

アップルパイはアメリカの国民食。「なぜならリンゴはアメリカの主要な果物だし、この国にはパイ文化が根付いているから」とはブルックリンのパイ専門店フォー＆トゥエンティ・ブラックバーズを営むオーナー姉妹の一人、エミリーさん。

エミリーさんと妹のメリッサさんは、アメリカ中西部のサウスダコタで生まれ育ち、父親は農夫、母親はレストランを経営していた。レストランではもちろんパイが売られ、すべて祖母の手づくりだったという。そのDNAを受け継いだ姉妹による店のパイも当然ハンドメイド。「目指したのは、季節感があって、家庭的な祖母の味。自分たちのアレンジもたくさん加えています」とエミリーさん。ローカルな旬のフルーツをふんだんに用い、パイ生地は高脂肪バターを使ってリッチに仕上げる。リンゴと一緒に塩キャラメルソースで焼きあげるアップルパイは、甘酸っぱいだけの素朴な国民食の味に革新をもたらし、さらにチェスパイと呼ばれるアメリカのクラシックなクリームパイは、カモミールティーや日本の抹茶、ほうじ茶を採用することで、アメリカンパイの新世紀を開いた。

そんな二人が2017年にブルックリンにオープンしたのが"パイ・カウンター＆バー"という新形態。同じくブルックリンにある1号店のカフェ然とした雰囲気とは異なり、カウンター席のみのコンパクトなつくり。パイに合うワインやビールなどのアルコール飲料を提供し、ペアリングが楽しめる。パイに合うのはコーヒーやティーだけじゃない、石原軍団が大福を食べながら酒を飲むように、スイーツを食べながらワインを飲んだっていいじゃない、と思っていた私は、姉妹の英断に心から拍手を送りたい。ちなみにエミリーさんおすすめのペアリングは、「赤ワインだったらチョコレート系のパイ。ストロベリーのパイには、少し苦みのあるIPAビールが合います」とのこと。私は、フレッシュな桃とブルーベリーをパイ生地に閉じ込め、コーンミールを載せて焼きあげたパイと、辛口のイタリア産白ワインを合わせた。果実味が口の中で絡みあう。大いにアリ。次はアップルパイとアップルサイダーという、リンゴ三昧なペアリングに挑戦したい。

→ p159　Map E

634 Dean Street, Brooklyn　TEL 347-350-5110
8時〜21時、金8時〜23時、
土9時〜23時、日9時〜21時　無休
birdsblack.com
@birdsblack
Pie by the slice $6、Whole pie $42、
Beer $5.5〜、Wine by the glass $10〜

この日のスライスパイは7種類。ホイップクリームのトッピングはプラス75セント。まるごと一台のホールパイも販売。カウンターという店のアイデアは、エミリーさんたちが日本を訪れた際に体験したラーメン屋や駅の立ち食い店から着想を得たという。

Chapter 4

NYで食べられる、
世界の夜ごはん

フランス、イタリア、メキシコ、
レバノン、ジョージア、ベトナム…、
NYシティは食の万博さながら。
未踏の味が待つ
デスティネーションへ出かけよう。

Frankies 457 Spuntino (p80) のテラス席でディナー。
NYの夏は陽が長く、夜20時過ぎまで明るい。

Estela

エステラ 【ニューアメリカン】

ポケットから20ドル札を見つけるような   MH

「あれ？」と一瞬、眉間に皺が寄り、「おお！」と驚きに目が見開かれ、最後は口福にただだだ笑みをこぼす。この店の料理に出会うと、とにかく顔の表情が忙しい。（注意：以下ネタばれアリ。嫌な方はレストランを訪れてからどうぞ）。

例えば前菜のひとつは "Cured fluke with sea urchin（〆た平目とウニ）"。メニューからは見た目の想像がつかないうえに、運ばれてきた料理を目の前にしてもますますわからない。白い皿の中央に、白い円。セルクル型で丸く形づくられた淡く白い集合体が、やがて細かく刻まれた平目だとわかるけれど、味わいは、なお未知数。〆た白身魚に、塩とオリーブオイル、もしかして柚子胡椒…？ 答え合わせをしようと、もうひとすくい。すると今度は平目の下に潜むウニが顔を覗かせ、「うわあ！」という嬉しい悲鳴となる。

続いてはシグネチャーのひとつ "Endive, walnuts, anchovy, and ubriaco rosso（チコリ、クルミ、アンチョビ、赤ワインに漬け熟成させたチーズ・ウブリアーコロッソ）"。どんなサラダかと思っていたら、山盛りチコリ。どう見ても99％チコリ。ほかの材料はどこへ行ったのだ。オレンジの果汁を窪みにたたえたチコリを1枚取り分けると、空いた隙間から何かが見える。フォークでほじくり出せば、アンチョビ風味のクルトンやら香ばしいクルミやら、密度の高いチーズやら、お宝ざくざく。それを「シャツのポケットから20ドル札を見つけるようなもの」とは確信犯のシェフ、イグナシオ・マトスの談である（レシピ本『Estela』より）。

盛り付けにミニマルな円形を用いたり、食材をあえて覆い隠したりするイグナシオさんならではの手法は、自身の美学によるものと、加えて「薄暗い店内で賑やかに食事を楽しんでいる人たちが、発見を感知できるようにしたいから」（同書より）。「子どもみたいな試みと思われるかもしれないけれど、それで構わないと思っている」というシェフのいたずらな企てに、こちらも子どものように無邪気に胸を高鳴らせているのだから、もちろんそれでまったく構わないと思っている。

→ p157 Map B

47 E Houston Street, New York　TEL 212-219-7693
17時30分〜23時、金土11時30分〜15時・17時30分〜23時30分、
日11時30分〜15時・17時30分〜23時　無休
estelanyc.com　@estelanyc

Cured fluke with sea urchin $24、 Endive, walnuts, anchovy, and ubriaco rosso $18、 Fried arroz negro with squid and romesco $26、
Ricotta dumplings with mushrooms and pecorino sardo $25

料理はアラカルトでシェアOK。フォーマルな店ではないけれど、連日満席のため事前の予約は必須。写真は、Cured fluke。細かく叩いた平目の刺身の奥からウニが登場。巧妙な隠し技は、彦摩呂さん風に言えば「ウニのタンス貯金」。

(下)山盛りチコリの下に隠された企みとは…？ちなみにシェフのイグナシオさんはウルグアイ出身。首都モンテビデオにてフランス人シェフの元で働いた後、世界的に知られるアルゼンチンのシェフ、フランシス・マルマン氏の店で働いた経歴の持ち主。

Ilili

イリリ 【レバノン料理】

メゼはピタパン泥棒

MH

　レバノンの食事はやたら長い。「3時間は確実」とはイリリで働くレバノン出身のキミーさんの言。なぜかというと、メゼという小皿の前菜をずらっとテーブルに並べ、アラックと呼ばれる食前酒をちびちび飲みながら、食べ進めるからだという。ちなみにアラックは口に含むと、舌がもやっとして、アニスの香りと共に口の中が一掃される不思議なお酒。「寿司のガリみたいな存在ですね」とキミーさん。

　メゼには冷製と温製があって、冷たいものには、おなじみひよこ豆のペースト、フムス（Hummus 正しい発音はホムスらしい。イリリのものは超絶クリーミー）や、炭火の風味がしっかり感じられる、ナスのペースト、ババガヌーシュ（Baba Ghannouj）、刻んだパセリが山盛りのタブーリ（Tabbouleh）など。温かいメゼには、余計なつなぎの入っていない小ぶりな羊肉ソーセージや、ブラッセルスプラウト（芽キャベツ）をグリルし、いちじくジャム＆ミントヨーグルトの甘酸っぱいタレをからめた一品などがあって、いずれもかなりの枚数の自家製ピタパンと供される。「レバノン人にとって、ピタパンはナイフやフォークの代わりですから」とキミーさんが言う通り、食べ始めるとピタパンをちぎる手が止まらない。メゼは見事なピタパン泥棒なのであった。

　さて、この店で初経験した味が、レバノン風のビーフタルタル、キベーナイエ（Kibbeh Naye）だった。「レバノンの各村では、石臼に生肉を入れ、おばあちゃんたちが叩いて作ります」とキミーさん。ねったり、リッチな味わいの秘密は、生肉と一緒に叩きにされるブルグルと呼ばれる穀物。仕上げにオリーブオイルをかけ、生玉ねぎやミントと共に、ピタパンに載せたり挟んだりして食べる。もうひとつが、リズ（Riz）と呼ばれる炊き込みごはん。ジャスミンライスと、香ばしい極細パスタ、バーミセリが炊きこんであり、シナモンのほのかな薫りとカリカリのナッツという組み合わせ。三角食べ（白飯、味噌汁、おかずをバランスよく食べる昭和の食事法）どころか、六角、八角食べのメゼはエンドレス。前菜でそれだから、いつもメインディッシュにはたいていたどりつけないのだった。

→ p157 Map B

236 5th Avenue, New York　TEL.212-683-2929
12時〜15時・17時30分〜22時30分（木金〜23時30分）、
土12時〜23時30分、日11時〜22時30分　無休
ililinyc.com　@ililirestaurants
Hummus $12, Baba Ghannouj $13.5, Kibbeh Naye Beirutieh $22,
Tabbouleh $18, Brussels Sprouts $18, Riz $10

左上の四角い皿から時計回りに、ビーフタルタルのキベーナイエ、ババガヌーシュ、タブーリ、リズ、フムス。中央はぶどうやクルミがたっぷりトッピングされた芽キャベツの温かい前菜。「レバノンでは一人ひとりがシェフになった気分でメゼを自在に組み合わせて食べます」とキミーさん。小皿料理をあれこれ頼む食文化がたまらなく好きだ。

Atla

アトラ 【メキシカン】

知られざるメキシコ料理の顔

MH

　メキシコ料理に、こんなにもさまざまな顔があるとは知らなかった、アトラを訪れるまでは。例えば"メキシコ料理といえば"なワカモレはこの店の場合ハーブワカモレという名で、マッシュしたクリーミーなアボカドに、香菜、バジル、ミント、タラゴンなんかのハーブがふんだんに忍ばせてある。皿を覆うように載せてあるのは、ほぼ顔面大のトルティーヤチップス(紫トウモロコシ製)。ばりばりと手で壊したら、ハーブごとたっぷりディップする。青み、苦み、甘み。ハーブの作用で、いつものワカモレがここまでふくらみのある味になるなんて。あるいは例えば、パリパリのトルティーヤの上に具を載せた、メキシコ版オープンサンドのトスターダは、北極イワナ(Arctic char サケやマスのような風味)の刺身とフレッシュチーズ盛り。NYのご当地料理、スモークサーモン&クリームチーズのベーグルサンドを彷彿とさせるけれど、私としてはアトラのトスターダの圧勝を宣言したい。あるいはまた、イタリア料理の仔牛カツレツ・ミラネーゼが、イタリア移民によって南米にもたらされ生まれたというミラネサ(Milanesa)は、牛でも豚でもチキンでもなく、淡白な白身魚(平目)のカツレツというオチ。魚のカツレツを一口大に切り分け、別添えのトルティーヤと、キュウリやフェンネル、セラーノチリをライム果汁で和えた酸っぱいセビーチェと共にタコスみたいに巻いて食べる。食感天国。メキシコ料理が好きだ。

　この店をプロデュースしたのは、メキシコシティにレストランPujol(プジョル。世界のベストレストランにもランクイン)を構えるシェフ、エンリケ・オルベラさんと、プジョルで働いていた女性シェフのダニエラ・ソト=イネスさん。「ファインダイニングでもなく、屋台でもなく、メキシコ人が朝昼夜いつでも新鮮な食事をとるために訪れるような、日常使いの店を目指した」とはエンリケシェフ。「アトラは、そんなメキシコの多面的な食文化を、NYの人々に知ってもらう場」という氏の言葉に、メキシコ料理への好奇心はさらに増すばかりなのだった。

→p157　Map B
372 Lafayette Street, New York　TEL 347-662-3522
11時〜22時 (木金土〜23時)　無休
atlanyc.com　@atlanyc
Arctic char and farmer's cheese Tostada $16,
Herb Guacamole $17,　Fish Milanese $24,　Churros $12

「アトラのセッティングはモダンだけれど、味は本場にかなり近い」とはメキシコ出身の知人談。(右上)チキンのエンチラーダ。現在は週末のブランチで提供。(右中)アトラ版ミラネサ、フィッシュ・ミラネーゼは人気メニュー。(左上)真似して作りたいハーブワカモレ。(左下)泣く子も黙る、北極イワナとフレッシュチーズのトスターダ。(右下)甘い空気を食べている心地になる、チュロス。どんなにお腹がいっぱいでも、絶対に注文しなければいけないデザート。別添えのビターなチョコレートにディップして食べる。

Hao Noodle

ハオヌードル 【中国料理】

坦々麺と碗雑麺。どちらもすすりたい   MH

　真冬のNY、とあるラーメン店を訪れた中国人のレストラン経営者、マダム・ズーは、極寒にもかかわらず多くの人が列をなしている様を見て閃いた。「麺へのニーズがこんなにもあるなら、中華ヌードルの店を開けばいいじゃない」。そうしてNYに開いたのがハオヌードル。中華の和え麺や汁麺だけではなく、前菜から肉や魚の主菜、点心、デザートまでをアラカルトで揃える。メニューを彩るのは、ズーさんが生まれ育った四川省と、その後に暮らした上海の料理を軸にした中国各地の味。「スタッフたちが毎年国内を試食してまわり、発見した味を取り入れているんです。だからハオヌードルの料理は、中国料理のコレクションみたいなもの。フュージョンと思われることもあるけれど、どの料理もオーセンティックです」とはプレススタッフのエフィーさん。ウェストヴィレッジの1号店に続き、2018年にはチェルシーに2号店を開店。メニューもインテリアも立地場所に合わせ変えているということで、若い人がナイトライフを楽しむチェルシーという場所柄、2号店では夜の気軽なつまみに串焼きを提供している。

　さて、中国料理を愛してやまない私は、NYに移り住んで早々チャイナタウンに足を運んだものの、納得いく味に出会えず落ち込んだ。だからハオヌードルでキクラゲの和えものや（嬉しい黒酢味）、花山椒がピリっときいた魚のスープや（辛みは旨み）、坦々麺を食べた時の感動といったらなかった。興奮のあまり眉間に皺を寄せ、喜びに身をくねらせていたら、「何か味に問題がありましたか…？」と店の人に聞かれてしまったほどだった（すみません）。この店で頼むべき料理は山ほどあるけれど、最優先は二人麺の坦々麺と碗雑麺。坦々麺はおなじみ肉みそと辛いタレを絡める和え麺で、四川省の成都が発祥。一方の碗雑麺は、かつて四川省に属していた重慶の名物で、ひよこ豆と豚ひき肉、漬けものを和えて食べる。辛い、甘い、酸っぱい、しょっぱいが、あらゆる方向から味覚をぐいぐい覚醒する。どちらも違って、どちらもいい。だから数人でシェアするか、極限までお腹をすかせ両方挑んでほしい。

→ p157   Map B

343 W 14th Street, New York
TEL 646-882-0059
11時30分〜14時30分・17時30分〜21時30分
土日12時〜15時・17時30分〜21時30分　無休
haonoodle.com 　@haonoodleandtea
Wood Ear Mushrooms in Chinese Vinegar $8,
Sticky Rice Bacon Siu Mai $6,　Dandan Noodles $12,
Chickpea Noodle with Broth $14,
Vegetable Spring Rolls $6

アートやデザインに造詣が深いオーナーのズーさんが手がけたモダンなインテリア。ヴィンテージチェアをドイツから取り寄せるなど、これまでの中国料理店にはないセンスの良さ。（左上）江蘇省の各都市や揚子江の下流地域が発祥という淮揚菜から、もち米のシュウマイ。（左中）皮が薄くてぱりっぱりの極上春巻き。（左下）しっかり辛い坦々麺。英語名はダンダンヌードル。（右下）ひき肉と、粗くつぶしたひよこ豆の載った碗雑麺（中国語読みでワンザーミェン）。

Oda House

オダハウス 【ジョージア料理】

シルクロードが生んだ、東西融合料理

MH

どれも初めて口にする料理なのに、胸にじんわり親しみを感じる。もしや私の前世はジョージア（グルジア）人では…。とスピリチュアルな妄想をしたほど。それがオダハウスでの初ジョージア料理だった。オーナーシェフのマヤさんに話を聞いて腑に落ちた。黒海に面し、南北をトルコとロシアに挟まれ、すぐ東は中央アジアというジョージアは、かつてのシルクロードの要。東西の食文化が交錯した地だという。日本人の遺伝子に呼応するアジアのエッセンスが、料理に潜んでいるのだ。加えて、オダハウスの料理が家庭の味であることも大きい。イタリアのマンマの味のように、祖母や母から代々伝えられた食を重んじる文化。マヤさんが提供する料理も、二人の祖母から受け継いだものだそうだ。母性のある味は、温かい。

ジョージア料理の基本食材はクルミ。欠かせないスパイスは、コリアンダー、フェヌグリーク（マメ科の植物）、サフラン。パクチー、バジル、パセリなどのフレッシュハーブもふんだんに用いる。主食はパンで、肉は鶏、羊、牛、豚、すべて網羅。チーズやバターも多用する。代表料理は、小籠包の2倍サイズの茹で餃子（揚げも可能）ヒンカリ（Khinkali）。それからカチャプリ・アジャルリ（Khachapuri Adjaruli）と呼ばれるボート形のチーズパン。バターと生卵を熱々のパンに載せ、窪みの中でかき混ぜ半熟にして、パンをディップし食べる。卵かけごはんにも通じる、魂を揺さぶるフード。パリ（Pkhali）は、ナス、ほうれん草、ネギをそれぞれ包丁で細かく刻み、クルミ、スパイス＆ハーブと合わせたもの。和食のお浸しを思わせる素朴な前菜だ。鶏肉とハーブの伝統的なスープ、チヒルトマ（Chikhirtma）は、溶き卵と酢を加えた、きりっと酸味ある滋味深い一品。ラム肉の串焼きムツバディ（Mtsvadi）は、梅干しみたいな風味のプラムソースが、香ばしく焼かれたラム肉を引き立てる。デザートがまたユニークで、ドーム形の艶やかなチョコレートムースかと思ったら、ぶどう果汁に小麦粉とトウモロコシの粉を加え煮詰めたもの。甘酸っぱさの中に、確かに感じる穀物のフレーバー。"新しい食の発見は、新しい惑星の発見よりも人類に幸せをもたらす"。ブリア・サヴァランのその言葉を唱えずにはいられない料理の数々なのだった。

→ p157　Map B

76 Avenue B, New York　TEL 212-353-3838
16時〜23時（金12時〜、土日11時〜）　無休
odahouse.com　 odahousenyc
Chikhirtma $11,　Khinkali beef&pork $10,　Khachapuri Adjaruli $18,
Pkhali Trio $17,　Sokos Salata $16,　Mtsvadi Lamb $28

右はジョージア名物の茹で餃子、ヒンカリ。頂上の部分は残すのがジョージア流。でもマヤさんは「食べちゃう派」らしい。

写真左2点がチーズパン。ジョージアで形成外科医だったマヤさん。血となり骨となる食には思い入れが強い。だからパンもチーズも手づくり。「食から良いエネルギーを得てほしいのでイライラしているスタッフにパン生地を触らせません。ネガティブなパワーがうつってしまうからね」。

Frenchette

フレンチェ 【フレンチ】

魚のスープや卵料理に震える

[MH]

　シェフ、リー・ハンソンとリアド・ナスル。共にNYの名だたるキッチンで腕を磨いてきた戦友の男性二人（共に50代）が、満を持して独立、2018年春にオープンしたのがフレンチェ。10〜20代の若きシェフたちが大胆に繰り出す料理はもちろん刺激的だし、価値あるものと思うけれど、過酷なフード業界に数十年身を置きながら、いつか自分たちの店を開こうと夢を語り合ってきたミドルエイジな熟練シェフが、ついに自分たちの城を築いたなんて賞賛に値するし、なんだかもう勝手にエールを送りたい気持ちになるのだった。

　そんなバックストーリーと私のおせっかいをよそに、店は確固たる味のクオリティで連日満席。テーマはフランスのブラッスリー、すなわち大衆食堂で、「料理は伝統的だけれど、味に新しさが感じられる。私たちがフランスで好んで訪れるそういう店をイメージしました。友人にばったり会うかもしれないような、誰もが常連客の気分になれる店を目指したい」とはシェフの談。料理はアミューズ、オードブル、アントレ（主菜）、ガルニチュール（付け合わせ）の4部構成で、すべてアラカルト。オードブルのスープドポワソン（魚のスープ）は、魚介の本領に震える絶品。オープン早々名物になったブイヤード（半熟卵のスクランブルエッグ）は、卵とバターこそ単純にして最強のコンビだと繰り返し念を押される、凄みある味。添えられたエスカルゴのこりこり食感も侮れない。メインディッシュのダックフリットは、美しく切り分けられた鴨の赤身肉がまさにフードポルノ。肉汁ぱんぱんで表面張力みたいな肉を噛みしめた時の恍惚感といったらない。

　ところで、この店のもうひとつの目玉はナチュラルワイン。ワインディレクターのジョージさん曰く「ナチュラルワインならではの酸味、低いアルコール度数、おだやかなタンニンは食を圧倒せず、むしろリフレッシュします。特有の酸味がフランス料理の濃厚さをやわらげ、同時に料理を引き立てるのです」（webサイト「Bon Appetit」より）。ナチュラルワインびいきが増えているNY。この店の予約は、しばらく困難なままになりそうだ。

→ p157　Map B
241 W Broadway, New York　TEL 212-334-3883
11時30分〜15時・17時〜23時、
土日10時〜15時・17時30分〜23時　無休
frenchettenyc.com　@frenchettenyc
Soupe de Poisson $15,　Brouillade $26,
Bavette Au Poivre $36,　Duck Frites $42

ディナーは予約困難。狙い目はウォークイン(予約ナシの客)向けに用意されているバールームのテーブル席。ディナータイムが始まる10〜15分前に店に行き、テーブルを待つ旨を伝え、バーで飲みながら待機する。またはランチも予約が取りやすい。(左上)卵料理の神様ブイヤード。(左下)ダックフリット。フレンチフライも抜かりない。(右下)魚のスープ。メニューは季節ごとに変わる。

The Breslin

ザ・ブレズリン 【ブリティッシュ】

肉厚感弾けるラムバーガー　MH

"ブレズリンのラムバーガーは、肉々しいジューシー・モンスター。決して脂肪の爆弾ではなくて"(『Serious Eats』より意訳)。

まさにその通りで、ラム肉のパテは、上から下から押さえこもうとするバンズを跳ねのけんばかりの、むっちり弾けそうな肉厚感。ミディアムレア(店推奨の焼き加減。素直に従って後悔なし)に焼かれる赤身多めのパテを、ペンシルベニア州の牧草地でのびのび育った羊を、毎週丸ごと一頭単位で仕入れさばいて作られるため、鮮度の高さといったらない。もちろん臭みなし。中心部分がうっすらピンクのパテを、豪快にがぶりと口に含めば、怒濤のみずみずしさ。そして後からラムならではの香りが、ほわんと優しく鼻から抜ける。味付けはシンプルに塩コショウのみ。パテ以外の具は薄くスライスした紫玉ねぎとフェタチーズという潔さで、むしろフェタチーズの力強い塩けと、独特の羊乳の匂いがスパイスみたいなもの。外側をグリルで軽く焼いたバンズといい、緻密に計算されたすべての食材がピタッ!と奇跡的にひとつに合わさる、まるで天体ショーのような稀にみる傑作なのである(付け合わせのフライドポテトとクミン風味のマヨネーズもまた素晴らしい)。

ラムバーガーで名を馳せたブレズリンは、英国出身の女性シェフ、エイプリル・ブルームフィールドさんによるプロデュースで、イギリスのガストロパブがコンセプト。「イングリッシュ・ブレックファースト、ブラッドソーセージ、スコッチエッグなどの料理と、スケールの大きなウッドパネルを採用したインテリア、どちらも英国らしいキャラクターを表現しています」とは同店のイベントディレクターを務めるカーレスさん。ちなみに英国発祥のものではないけれど、私はこの店のシーザーサラダ(パリパリの大ぶりレタスに、アンチョビ味をしみこませたクルトンがごろごろ混じっている)も熱烈支持している。

→ p157　Map B
16 W 29th Street, New York
TEL 212-679-1939
7時～23時(木金土～24時)　無休
thebreslin.com　@thebreslin
Chargrilled Lamb Burger $29,
Herbed Caesar Salad $17

ザ・ブレズリンは、デザインホテルとしておなじみエースホテル1階。ホテルのメインダイニングとして、早朝から深夜まで料理を提供（ラムバーガーはランチ以降）。

ラムバーガーはラスティックなカッティングボードに盛られ、頑丈なナイフが添えられている。そそるプレゼンテーション。

Frankies 457 Spuntino

フランキーズ 457 スプンティーノ 【イタリアン】

頼れるフランクたちのイタリア軽食堂　BK

　フランクさんとフランクさん。クイーンズ育ちの同じ名前の幼なじみが、奇遇にもそれぞれフランスでの修業を経てNYでシェフとなり、18年ぶりに再会して、イタリアンレストランを始めることにした。時は2004年、場所はブルックリン、名前は"フランクたちの軽食堂"。目指したのは子どもの頃に食べていたおばあちゃんの味、自分たちの根っこにある、アメリカのイタリア料理だ。でももっと軽さがあって、翌日まで胸やけしないのがいい。だからミートボールは揚げずに焼いて、シンプルな野菜のメニューもたっぷり用意した。開店から15年。予約を受けない小さな店は、変わらず賑わいをみせている。

　この店での食事は、たいていランブルスコ（微発泡の赤ワイン）にプロシュート、フェンネルと根セロリをレモンのヴィネグレットで和え、ペコリーノチーズを添えた爽快サラダで始まる。続いて手打ちパスタは、もちもちのショートパスタとピリ辛ソーセージを焦がしバターでとろりと絡めたカヴァテッリ。季節によって、空豆とトマトのリングイネや、ラムのラグーのパッパルデッレも。メインのミートボールには辿りつけたり、つけなかったりして、〆はクレームブリュレとティラミスと決まっている。いつも私たちの食欲に120％応えてくれる。フランクさんたちほど頼りになる存在はない。

→ p159　Map **F**
457 Court Street, Brooklyn　TEL.718-403-0033
11時〜23時（金土〜24時）　無休
frankiesspuntino.com　@frankies.spuntino
Prosciutto di Parma $12,
Fennel, Celery Root & Parsley with Sliced Red Onion,
Lemon & Pecorino $12,
Cavatelli with Hot Sausage & Browned Sage Butter $21,
Vanilla Bean Crème Brulee $8

小さな店の奥にはブルックリンならではの静かなバックヤードが広がる。暖かい季節なら迷わず庭で食事を。(左)「今日こそ違うパスタを食べよう」。そう思っても結局頼んでしまう、驚異の指名率を誇るカヴァテッリ。

The Four Horsemen

ザ・フォー・ホースメン 【ワイン＆ニューアメリカン】

ナチュラルワイン好きならば　　BK

　グラスワイン、自家製パン、生ハム。その3つだけでもすこぶる満足できるワインバー。350種以上を揃えるというナチュラルワインから、泡、白、オレンジ、ロゼ、赤のグラスワインは10種以上。「オレンジワインのcantina giardino（カンティーナ・ジアルディーノ）は、ちょっぴりスモーキーで、ルッコラやセロリを感じさせるフレーバー」なんていうスタッフの説明は、まだ知らぬ味の扉が開かれるようで、ドキドキする。温かな自家製パンは、しっとりな内と、がっちりな外のコントラストに毎回感服（塩のきいたバターがまたいい）。生ハムは正しくはカントリーハムと呼び、アメリカ南部ノースカロライナ州の作り手によるもの。シルクのような極薄スライスを口に含むと、バターがまとってるみたいに甘く柔らかで、木の実のような香り。口の中で、旨みがぶわっと炸裂する。

　前菜・メインと用意されているアラカルト料理は、西海岸、NY、イタリア、ロンドン、コペンハーゲンなどで経験を積んだシェフの手によるもの。柚子の香りのカルパッチョあり、ラムのラグーパスタあり、スペイン風エビのア・ラ・プランチャ（グリル）ありとボーダレスで飽きさせない。デザートもまた抜かりなく、この店で食べた濃厚なブディーノ（Budinoイタリア風プリン）は、忘れられない甘美な思い出になっている。

NYのレストランには珍しく、気負いがなくミニマルな空間。テーブル席は事前にオンラインで予約可能。週末の昼からは、カジュアルなコース仕立ての料理（デザート付き5品で1人$32）を提供。味もコスパも最高。

→ p158　Map**C**
295 Grand Street, Brooklyn　TEL 718-599-4900
17時30分〜1時（土日12時〜）　無休
fourhorsemenbk.com　🅞 fourhorsemenbk
Wine by the glass $10〜, Warm House Bread $7,
Lady Edison Country Ham $16

Peter Luger Steak House

ピーター・ルーガー・ステーキハウス 【ステーキハウス】

おいしいステーキは飲みもの

BK

「ここのステーキって、飲みものだわ…」とは、ピーター・ルーガーで一緒に食事をした友人が、言い放った名言。何を言ってるんだ、と思うかもしれないけれど、この店のTボーンステーキ（焼き加減は、レアかミディアムレアに限る）を食べれば、きっと納得してもらえるはず。

全米一とか世界一とか賞されるピーター・ルーガーのステーキの秘密は、店の地下にある熟成庫で、秘伝のレシピによりじっくりと熟成された赤身の牛肉にある。焦げるぎりぎり手前まで、がっつり両面を焼きあげ、塩とバターで調味をした後、なんと皿ごと加熱。肉汁が皿の縁に飛び散った、雑な見た目がまた食欲をそそる。Tボーンの片側はストリップ（脂身が多く歯ごたえがある肉質）、もう片側はさっぱりしたフィレ。どちらも噛みしめれば、熟成肉ならではの濃縮された旨みが、じゅわっと口いっぱいに広がり、その美味な塊は、あれよあれよという間にするりと喉を通過して、胃に吸い込まれていく。そう、まるで飲みもののように…。

さて、かれこれもう十数回この店を訪れたピーター・ルーガー狂の私から、いくつか注意事項があるのでメモを。まず、オーダーはステーキのみに、追加するならフレンチフライぐらいに留めること。付け合わせのパンは、味見程度で済ませること。なぜって、お腹を無駄に膨らませず、万全の状態でステーキに挑んでほしいから（食べきれなかったポテトやパンは持ち帰れる）。肉にソースはかけないこと。繊細な肉の旨みが、かき消されてしまうため。ここだけの話、私はいつも塩（海塩）持参。バッグに忍ばせた塩を、ばらりとかけていただくステーキは、背徳のおいしさ。食べ終わった骨は、可能であればTo Go（持ち帰り）を。たっぷりの水とくず野菜でコトコト煮れば、滋味に富んだスープが出来上がる。予約は電話のみ。予約困難なディナータイムでも、夜21時や22時近くなら（あるいはランチタイムなら）直前でも予約が取れることが多い。支払いはキャッシュオンリーなので、懐に現金を忘れずに！

→ p158 Map **C**

178 Broadway, Brooklyn TEL.718-387-7400
11時45分〜21時45分、金土11時45分〜22時45分、
日12時45分〜21時45分 無休
peterluger.com ⓘpeterlugersteakhouse
USDA Prime Beef Steak for two（2人分）$107.90、
French Fried Potatoes（2人分）12.95、
Cheese Cake with whipped cream "Schlag" $12.95

アメリカンサイズのため、一般的な胃袋の持ち主はSteak for three（3人前）を4人でシェアするぐらいでちょうどいい。

Glady's

グラディーズ【カリビアン】

豆ごはんとカリブなおかずをかっこむ

BK

スパイスにまみれ焼かれたジャークチキンや、プランテン（調理用バナナ）のフライ。辛みのきいたコールスローサラダ。豆ごはんもあれば、中華味の焼きそばやチンゲンサイ炒めもあって、一体全体カリビアンってなんなのと"？"で頭がいっぱいになりつつ、豆ごはんにおかずをあれこれ載せ、かっこみ食べるのが止まらない――それがグラディーズ。

カリブ海の島々は、植民地としての歴史とあらゆる国からの移民が相まって、アフリカ、ヨーロッパ、南米、アジアの料理が混在するカオスな食文化だという。「私たちがインスパイアされているのは主にジャマイカですが、シェフがセントルシア島の出身ということもあり、他の島々のエッセンスも取り入れています」とはオーナーのウィリアムさん。カリブ諸島とは無縁の生い立ちであるウィリアムさんは、もともとこの場所にサンドイッチ店を開いていたが、カリブ移民が多く暮らす近所一帯に影響を受け、カリビアンに劇的変化させたところ大当たり。ミシュランのビブグルマンにも掲載されている。

キッチンのオープングリルでは、現地にならいピメント（常緑樹。実はオールスパイスとなる）のウッドチップを使用。代表料理のジャークチキン（Jerk Chicken）は、塩と砂糖をもみ込んだ後に、玉ねぎ、にんにく、タイム、スコッチボネット（唐辛子）、オールスパイスなどの自家製スパイスに漬け込み、グリルで約3時間燻し焼きにする。スパイスの複雑なアロマに包まれたこげ茶色のチキンは、予想外に辛さはなく、無性にかじりつきたくなる奥深い味。ペッパードシュリンプは、鮮やかなオレンジ色をしたアナトー（ベニノキの種子）のオイルで殻付きエビを炒めた一皿。豆ゴハンは、ピジョンピーズと呼ばれる豆とジャスミンライスをココナッツミルクで炊いたもの。そうしたカリブ諸島ならではの未知なるフレーバーの数々に出会えるのが、この店の醍醐味。ちなみにディナーの最後に3口サイズのココナッツアイスがサーブされるのだけれど、スパイスや辛みで混乱した口の中が、まろやかな甘みでリセットされ、なんとも素晴らしい食後感なのである。

→ p159　Map E

788 Franklin Avenue, Brooklyn　TEL 718-622-0249
12時～22時30分（金土～23時30分、日～22時）　無休
gladysnyc.com　@gladyscaribbean
Jerk Half Chicken $10.5,　Peppered Shrimp $13.5,
Chow Mein $11.5,　Rice & Peas $4,
Plantains $4,　Spicy Slaw $4,　Bok Choy $4

トロピカルなカクテルと一緒に楽しみたい。左下はラムとショウガ、ライムのフローズンカクテルDark&Slushie（$8）。

注文するのは、ジャークチキン、殻付きエビ、調理用バナナのフライ、チンゲンサイ炒め、ピリ辛コールスロー、豆ごはん。これを数人でシェアが正解。余裕があれば、焼きそば（Chow Mein）やオックステールシチューも追加。

Di An Di

ディアンディ 【ベトナム料理】

ハノイ風牛肉のフォーがしみる　　BK

「胃を整えたい」——ハンバーガー、ピザ、パンケーキの応酬で胃がヘトヘトになった旅行者が、3日目あたりでそうぽろりと漏らす。そんな時の駆け込み寺がベトナム料理店。特に温かな汁麺のフォーは、整わしの特効薬。自分史上最高の"しみる"フォーに出会ったのが、ブルックリンに新規開店したディアンディだった。

店のオーナーは、ベトナム系アメリカ人で、マンハッタンでも店を営むトゥアンさんとキムさん夫婦。キムさんはベトナムからの移民が多く暮らすテキサス州ヒューストン出身。ヒューストンには、NYとは違ってベトナム料理店の選択肢が豊富にあり、どの店にもローカル色を打ち出した看板料理があるのだとか。「バインクオン(蒸し春巻き)だったり、フーティウ(南部地方の麺料理)やボッチン(揚げ餅の卵とじ)だったり。NYのベトナムレストランにはそういう際立った看板メニューが少ないですね」とキムさん。

たしかにそう。タイ料理店ではパッタイ、ベトナム料理店では薄切りの牛肉が載ったフォーと、NYでは相場が決まっていたりする。けれど、ディアンディは違って、例えばハノイ風牛肉のフォー(Beef Pho Hanoi)という新たなアイデンティティの絶品がある。一面青ネギで覆われたスープは、その薄い色にもかかわらず肉味の深度があり、酸味や塩加減がどんぴしゃ。トッピングの牛肉は、にんにくで甘辛く炒めてあって、肉の濃いフレーバーがビーフスープにパンチをぐいっと加える。肝心要はスープにぽっとり落とされた生卵の黄身。汁麺をこんなにもまろやかにまとめ上げる黄身の潜在能力は、すごい。このフォーが食べたくて、ディアンディに行きたくなる。そんな味だ。

フォー以外にもNYでは珍しい初見のメニューがずらり。かりかりのバインセオ(卵焼き)を豚肉ソーセージとたっぷり葉野菜でロールした生春巻きや、ベトナムのダラット発祥の屋台フードであるライスペーパーのピザ、米麺を甘辛いスープで食べるハノイ発祥のつけ麺ブンチャー(Bun Cha)など。ちなみに化学調味料は不使用、キムさん曰く「代わりにきのこのシーズニングを使っている」という。

→ p158　Map C

68 Greenpoint Avenue, Brooklyn　TEL 718-576-3914
18時〜22時、金18時〜22時30分、
土17時30分〜22時30分、日17時30分〜22時　月休
diandi.nyc　@diandi.nyc
Turmeric Crepe Rice Paper Salad Rolls $12,
Vietnamese Pizza $14,　Beef Pho Hanoi $16

(左上)手前がライスペーパーの上に、卵、豚ひき肉などをトッピングしたベトナム風ピザ。奥が豚肉のソーセージとバインセオ(卵焼き)の生春巻き。(下)ハノイにあるレストランの味を再現しているというハノイ風牛肉のフォー。

88

Chapter 5

アメリカ各地の
ローカルグルメを味わう

アメリカは広い。
わざわざ食べに行きたくとも
叶わないニューオーリンズのあれも、
デトロイトのあれも…。
実はNYで食べられる
ローカルな地方食。

There is more to America
than burgers&fries!

アメリカ南部発祥、本場さながらのバーベキューを提供する
Hometown Bar-B-Que（p98）

MEAT BY THE 1/2 POUND
- BRISKET 14
- PULLED PORK 12
- LAMB BELLY ... 14
- TURKEY 12

Billy's HOUSE MADE SAUSAGE 6 / 1/4 POUND

RIBS
- BEEF RIBS 30/POUND
- SPARE RIBS 12 / 1/2 POUND
- JAMAICAN JERK BABY BACK RIBS — HALF RACK 18 — WHOLE RACK 33 —

WOOD FIRED CHICKEN
OAXACAN MARINADE, PICKLED RED ONION, SALSA VERDE
— QUARTER 8 — HALF 15 —

TACOS
- **BRISKET** WITH QUESO SAUCE, WHITE ONION & PICKLES — 3 FOR 12
- **PULLED PORK** WITH HOMETOWN SLAW, FRIED ONIONS, & SPICY RANCH — 3 FOR 12
- **CHICKEN** OAXACAN MARINADE, CARAMELIZED ONIONS, WITH CHIPOTLE CREAM, JALAPEÑO, CILANTRO, & PICKLED ONION — 3 FOR 12

KOREAN STICKY RIBS
TOPPED WITH FRIED GARLIC, FRIED SHALLOTS, & CASHEWS — 3 FOR 12

VIETNAMESE HOT WINGS
WITH CILANTRO RANCH — 3 FOR 9

THICK SLAB PASTRAMI BACON
14 / 1/2 LB

SIDES
SM 4 — MED 6 — LG 8
- TEXAS STYLE QUESO
- MAC & CHEESE
- SMOKED PIT BEANS (W/ BRISKET BURNT ENDS)
- COLLARD GREENS (W/ SMOKED PORK SHOULDER)
- BACKYARD POTATO SALAD
- WHISKEY SOUR PICKLES
- HOMETOWN SLAW
- CORNBREAD 4 / SLICE

SANDWICHES
ADD QUESO $1
- **BRISKET** PICKLE, ONION, STICKY SAUCE, ONION ROLL — 12
- **PULLED PORK** HOMETOWN SLAW, WHISKEY SOUR PICKLES, CORNMEAL FRIED ONIONS, HOT RANCH, SESAME ROLL — 13
- **LAMB BELLY BANH MI** HOT & SWEET SAUCE, PICKLED DAIKON & CARROT, CILANTRO — 13
- **H.T.B.C. SANDWICH** PASTRAMI BACON, SMOKED TURKEY, LETTUCE, TOMATO, DIJON MUSTARD & MAYO, ON BRIOCHE TEXAS TOAST — 13

DESSERT 6
BANANA CREAM PUDDING

Red Hook Lobster Pound

レッドフック・ロブスター・パウンド

贅沢B級グルメ、ロブスターロール　　BK

　NYから海岸沿いを北上し、ボストンの先にあるメイン州はロブスターの産地。茹でたロブスターの身をほぐし、マヨネーズで和えパンで挟んだロブスターロールは、かの地の名物だ。なぜかNYには10年前までロブスターロールの店どころか、ロブスター専門店すらなく、「蟹のほうが好んで食べられていた」とはレッドフック・ロブスター・パウンドを夫婦で営む妻のスーザンさん。ある夜、メイン州の友人から譲り受けた新鮮なロブスターに食らいついていた夫妻は、「ロブスター屋を開く」というアイデアを思いつく。タンクを設置し、メイン州で仕入れた活きロブスターを販売しよう。2009年のことだった。

　同じ年、ブルックリンのフリーマーケットの隣でフード屋台だけを集めた画期的な食イベント、スモーガスバーグ（Smorgasburg）がスタートした。初年度の出店者はたった5人。そのうちの一人だったスーザンさんは、自慢のロブスターの身を使ったロブスターロールを販売。それが瞬く間にヒットし、蟹の独擅場だったNYに新風を吹き込んだ。ところがそんな折、店が100年に一度の大型ハリケーンに襲われてしまう。それでも水浸しになったロブスター店を見事に復興させ、数年後、今度はレストランを開店した。機知と努力は報われるのだ。

　夫妻の店で提供するロブスターは、メイン州の岩場に罠を仕掛け、引き上げるという古典的な漁法による天然もの。「ロブスターは年間を通じて獲れます。7月末から11月中旬は、脱皮のため身が甘くなるので、それが旬と言われるゆえんですね」とスーザンさん。ぷりぷりとした尾の身や、淡い塩味の汁がじゅわっと広がるハサミの身…。せっかくだからマヨネーズで和えたくないという人には、温かいロブスターの身にバターとレモンという、シンプルなロブスター・ロール（コネチカット・スタイル）もある。また、ロブスターだけを一途に味わいたい人は、まるっと1匹の豪快な茹でロブスターを。脇目もふらず、無心になって甲殻類を解体し、その身を野蛮に手づかみで食べる。その快感と口福といったらない。

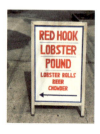

→p159　MapF

284 Van Brunt Street, Brooklyn　TEL 718-858-7650
11時30分〜21時（金土〜22時）　無休
redhooklobster.com　@redhooklobster
Lobster Roll The Classic $26　The Connecticut $26,
New England Clam Chowdah(cup) $6,
Down East Chowdah(bowl) $8,　Funnel Cake $8

ロブスターロールにはキュウリのピクルス、コールスロー、フレンチフライまたはサラダが付く。白身魚やムール貝などの魚介出汁のきいたダウンイーストチャウダーも人気。必食のデザートは、パンケーキのような生地を揚げたファネルケーキ。

Lions&Tigers&Squares Detroit Pizza

ライオンズ&タイガーズ&スクエアズ・デトロイトピザ

自動車の街が発祥の四角いピザ

MH

　四角く、深さのある天板で焼かれるため長方形で、ピザ生地は厚め（約3cm）。ふかふかっとした歯ごたえでありながら、底の部分はカリカリ、端っこのほうはピザ生地から溢れ出たチーズが天板との間で挟まれて焼かれるから、ざくざくっと香ばしい。三角スライスのNYピザとは見た目も味わいもまるで異なるそのピザが、ミシガン州デトロイト発祥のピザだ。1940年代、自動車産業で栄えるデトロイトの街のバーで誕生。ピザ生地は、フォカッチャに似たシチリア風。自動車工場でネジなどのパーツを入れるために使われていたスチール製の四角いトレイに入れ、天板代わりにして焼いたのが始まりだという。

　デトロイトに行かずとも、その四角いピザを食べられるのがこの店。NYのピザマニアたちから絶大な支持を集める店「アーティチョークピザ」のオーナーが、2018年春にオープンした。酸味と甘みのあるトマトソースだけをトッピングしたClassic（クラシック）、赤くまあるいサラミで表面を埋め尽くしたPepperoni（ペパロニ）、ソーセージ&玉ねぎ、マッシュルームなど、シンプルな構成の四角いピザは5種類以上。ピザトーストのようでいて、ちゃんとピザしてる。そのハイブリッドな味わいが、「また食べたい」欲を無性に誘発する。

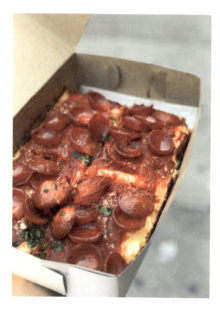

やたらに長い店名は、デトロイトのアメフトチーム、ライオンズと、野球チームのタイガースを合体させたもの。店内には着席スペースはなく、立ち食いか、持ち帰るかのどちらか。

→ p157　Map B

268 W 23rd Street, New York　TEL 917-261-6772
11時〜4時（金土〜5時）　無休
lionsandtigersandsquares.com
lionsandtigersandsquares
Classic $5,　Pepperoni $9,　Sausage & Onions $10

Court Street Grocers Williamsburg

コートストリート・グローサーズ・ウィリアムズバーグ

シチリア移民の丸パンサンド、マフレッタ　　　BK

　1900年代初頭にイタリア・シチリア島からの移民によってニューオーリンズで生まれたサンドイッチがMuffuletta（マフレッタ）。ゴマをふった大きな丸パン（直径約25cm）に、ハム、サラミ、チーズ、オリーブのサラダを挟み、1/2や1/4サイズにカットして冷たいままサーブする。生みの親であるニューオーリンズのデリCentral Grocery（セントラル・グローサリー）の味はまだ知らないのだけれど、NYのいくつかのマフレッタを食べた中で、この店のものがもっとも好みだった。

　遠目にはケーキのようでもある、愛くるしい姿の1/4カット。大口を開けてかじれば、モルタデッラ（イタリア・ボローニャのピスタチオ入りソーセージ）にドライサラミ、コッパ（豚首肉の生ハム）という薄切り肉のレイヤーが、さくっと心地よい歯ざわり。その塩辛さを上下から執りなすのは、オリーブ、ケイパー、カリフラワーやにんじんのピクルスなどで構成されるみじん切りサラダ。さらにスイスチーズ、モッツァレラチーズ、ペコリーノロマーノという三大チーズと、ピリ辛ペッパーのピクルスが要所要所で加勢し、口の中身は味の大合戦という様相なのだった。やわらかい丸パンが、具の水分を適度に吸い取って、時間が経つほどに味が全体的にしっとり馴染む。そんなところもマフレッタの取り柄である。

マンハッタン＆ブルックリンに数店舗あり。マフレッタはこの店でのみ提供。他店舗の定番サンドイッチ、イタリアンコンボも絶品。

→ p158　Map C

378 Metropolitan Avenue, Brooklyn
TEL 718-384-4218
9時〜17時　無休
courtstreetgrocers.com　⊙ courtstreetgrocers
Muffuletta 1/4 size $11, Breakfast Tacos $4.5,
The Roast Beefs Brooklyn Style $12,
The Cubano $14.25

Maison Premiere

メゾン・プレミア

濃厚な甲殻類シチュー、ガンボは別腹系　　BK

　南部ルイジアナ州といえば、カナダのアカディア地方から移住したフランス人によるケイジャン料理や、欧米の食文化が融合しニューオーリンズで発展したクレオール料理で知られる。ただならぬ食の遺伝子が受け継がれていそうなルイジアナで、州認定のご当地料理となっているのが、肉やシーフードと野菜を煮込んだシチューを白飯にかける料理、ガンボ（Gumbo）だ。ガンボという言葉はアフリカの言語でオクラを意味することから、ケイジャンやクレオール料理以前に、西アフリカからの奴隷によってもたらされたというのが本当のところらしい。

　NYではなかなか見かけない本場のガンボを提供するのが、ブルックリンにあるバー＆レストラン、メゾン・プレミア。シェフはルイジアナ州出身の家庭で育ったジェイコブ・クラークさん。「子どもの頃、父が月に1回はガンボを作ってくれていた」と話すジェイコブさんによると、ガンボには基本の材料と手順があるものの、レシピは店や家庭によってさまざま。メゾン・プレミアが提供するのは、代表的なシーフードガンボで、「ダークルゥ、甲殻類のスープ、ホーリー・トリニティ。それからオクラが欠かせない」とジェイコブさん。ダークルゥとはその名の通り、小麦粉をオイルで炒めて作る茶色いルー。ホーリー・トリニティは、ルイジアナの3つの野菜、玉ねぎ、セロリ、ベルペッパー（ピーマンやパプリカのこと）を指す。それらをロブスターとエビの殻をたっぷり使った甲殻類の出汁と合わせるのが、メゾン・プレミア流だという。

　控えめなごはんに、カレーのような茶色いシチューがかけられた一皿。エビや蟹が贅沢に盛られ、ルイジアナ州の名物アンドゥイユ・ソーセージ（ポークソーセージ）や野菜がごろごろ入っている。ブイヤベースみたいなものを想像していたけれど、土台がルーだけに、さらっとしたスープらしさはなく、もったり、舌に絡まるような口触り。添えられたレモンをぎゅっと絞れば、奥行きある濃厚な甲殻類の風味に、清涼な軽やかさが生まれる。カレーは別腹というけれど、ガンボもどうやら別腹系。カクテルやワインをたらふく飲んだあと、〆に楽しみたい。

→ p158　Map C

298 Bedford Avenue, Brooklyn　TEL 347-335-0446
14時〜2時（木金〜4時）、土11時〜4時、日11時〜2時　無休
maisonpremiere.com　@maisonpremiere
Seafood Gumbo $29、Cocktail $16、Oysters $3前後

ニューオーリンズをテーマにしたクラシカルな内装。アブサン（薬草系リキュール）や南部の料理をふるまうほか、全米各地の牡蠣を取りそろえるオイスターバーとしても知られる存在。月〜金の16時〜19時と土日の11時〜13時は、牡蠣が約半額で食べられるハッピーアワー。

Brooklyn Crab

ブルックリン・クラブ

スパイスまみれのブルークラブ蒸し　　BK

　　NYから南へ300〜400kmあたり。メリーランド州とヴァージニア州の沿岸部に位置するチェサピーク湾は、ブルークラブと呼ばれる蟹の産地として知られている。その名の通り、ビビッドな青色の脚を持つ小ぶりの蟹で（火を通すと赤く変色する）、甲羅の大きさは手のひら大ほど。ビールとリンゴ酢、オールドベイ（Old Bay）という名のスパイスで蒸したあと、さらにスパイスを振りかけ食べるというのが、ご当地メリーランド州の食し方。そんなブルークラブ蒸しを提供するのが、ブルックリンにある蟹レストラン、ブルックリン・クラブだ。

　　ブルークラブが味わえるのは、旬の4月末〜9月中頃のみ。蟹はすべて生きた状態で店に届き、プライスは時価。「1匹につき平均3〜4ドルぐらい」とはジェネラルマネージャーのアレックスさん。ハーフダズン（6匹）かダズン（12匹）を選ぶと、バケツに入れられ運ばれてきたのは、真っ赤なスパイスまみれの蒸し蟹。「これじゃあ、せっかくの蟹が台無し…」と心の中で嘆いた私だけれど、いざ食べてみたら、パンチあるスパイス味もなかなか。蟹の身自体はしっとりとして、ふっくら甘みがあり、日本の渡り蟹を思い出させる味だ。ちなみにオールドベイ・スパイスは、塩、セロリシード、唐辛子、黒コショウ、パプリカという配合で、真っ赤な見た目に反して、そこまで辛くない。

　　甲羅をぱかっと外した内側には蟹みそがスタンバイ、運がよければメス蟹の卵に当たることも（蟹の生息数が減らないようメス蟹は漁獲量を制限しているため貴重）。アレックスさん曰く、アメリカでは蟹みそは"蟹の内臓"とストレートに呼ばれていて、気持ち悪いと言って避ける人も多いそう。日本では"蟹みそ"という素晴らしき命名のおかげか、なんの抵抗もなく蟹の内臓を味わえる。そんな日本人で、よかった。

→p159　Map F
24 Reed Street, Brooklyn
TEL 718-643-2722
11時30分〜22時　　月火休
brooklyncrab.com　@brooklyn_crab
Blue Crab 6匹 $20前後，Snow Crab $32，
Alaskan King Crab $50，
Dungeness Crab $38，Fried Calamari $16

ブルークラブは、お腹にある三角形の節を外し、甲羅を開け、お腹の両側の白いスカスカの部分を除いてから食べる。一年中楽しめる蟹は、スノークラブ（ズワイ蟹）、アラスカンキングクラブ（タラバ蟹）、ダンジネスクラブ（アメリカイチョウ蟹）など。店の目の前は海、遠く自由の女神も望める。

Hometown Bar-B-Que

ホームタウン・バーベキュー

アメリカ南部が誇る肉食文化　BK

　スモーカーと呼ばれる専用マシンを操り、直火を避けて肉を燻し、低温でじんわり火を通すのが、アメリカ南部発祥のバーベキュー。その昔、カリブ諸国の原住民が肉を燻して保存を試みた方法が起源といわれ、スペイン人の入植者たちによってバルバコアと呼ばれたその調理法が、アメリカ南部へもたらされ広まったのだとか。南部の植民地では牛よりも、家畜にしやすい豚が好んで食べられていたため、ノースカロライナ州では豚を丸焼きにして身を裂き、ビネガーのソースで和えるスタイルが定着。サウスカロライナ州では、フランスやドイツからの移民によって豚の丸焼きにマスタードソースを合わせるレシピが生まれた。ところ変われば、肉変わる。北のケンタッキー州ではマトン肉が、さらに西のテキサスでは、牛の放牧に十分な土地があったことから、豚肉ではなく牛肉のバーベキューがメジャーになったという。

　そんな本場のバーベキューを体験できるのが、ブルックリンのホームタウン・バーベキュー。機関車トーマスみたいな車輪付きの黒い筒状のスモーカーで、ピットマスターと呼ばれる"燻方"職人が、牛や豚の塊肉を調理する。例えば牛肩バラ肉のブリスケットであれば、塩コショウで味付けをし、ホワイトオークで約15時間スモークするという。完成した肉の塊を持ちあげる店のオーナー、ビリーさんの映像は驚きのあまり二度見してしまった。それは、ぷるんぷるん揺れるゼラチン。肉じゃない。でも口に含めばほろほろと繊維が崩壊する、やはり肉なのであった。真っ黒な"焦げ"の塊にしか見えないビーフリブもセンセーショナルで、外側は炭ではなく、歯ごたえと旨みのあるビーフジャーキー。骨からするりとはがれる内側の肉は、弾力、肉汁、コラーゲンが口の中で輪唱状態に。豚肉が手で簡単に裂けるまで火を通し、甘酸っぱいソースで和えたプルドポークも病みつきになる味。それにしても、火を操り、肉を意のままにする人間たるや…。思わず胸が熱くなるバーベキューなのだった。

→ p159　Map **F**

454 Van Brunt Street, Brooklyn
TEL 347-294-4644
12時〜22時（金土〜23時）
月休　hometownbarbque.com
@hometownbarbque
Brisket (1/2pound) $14,
Pulled Pork (1/2pound) $12,
Beef Ribs (1pound) $30,
Smoked Pit Beans $4〜,
Collard Greens $4〜,
Whiskey Sour Pickles $4〜

カウンターで、どの肉を何パウンド欲しいかを伝え、切り分けてもらいテーブルに運び食べる。ブリスケットはハーフパウンド（約226g）を2人でシェアしても食べきれないほど。ビールやカクテルなどのドリンクは、別途バーカウンターでオーダー。

コラードグリーン（キャベツの仲間）とスモークした豚肩肉の煮込み、ブリスケットの端っこと豆を煮込んだスモークドピットビーンズなど、副菜が肉を盛り上げる。ギザギザにカットされたキュウリのピクルスは欠かせない箸休め。

100

Chapter **6**

昼酒も食後酒も。
バーでアルコール礼賛

絶景ルーフトップバーから、
ブルックリン発のクラフトビールや
ウィスキーが飲めるバーまで。
クラクラするような味な一杯で
チアーズ！

蜂蜜酒"ミード"の醸造所に併設されたバー、
Honey's (p114)

McSorley's Old Ale House
マクソーリーズ・オールドエールハウス

"君が生まれる前から、僕らはここにいる" MH

　創業は1854年。アイルランドからの移民、ジョン・マクソーリーが、バワリー界隈に暮らす同郷の移民労働者へ向けて開いたビアパブが始まり。以来、変わらないものと、変わらざるを得なかったもの。そのふたつを受け止めてきたからこそ、この店の今がある。
　変わらないものといえば、ビールはライトとダークの2種のみ、必ず2杯同時に出てくる仕組み。床にはおがくず。噛み煙草を嗜んだかつての紳士たちの唾や、酔っ払いたちのビールのぶちまけを吸収するためのものだという。壁や天井に飾られたセピアな写真や新聞記事の切り抜き、ピンバッジや金属製のマグカップ、ヘルメット…。店主と客の共作であるディスプレイは、飾られた当時のまま。よく知られているのは、ウィッシュボーンと呼ばれるターキーの骨。松の葉のように二股に分かれた七面鳥の骨を、戦地に向かう若者が願掛けで店内に吊るしていった。故郷の土を再び踏むことが叶わなかった者たちのウィッシュボーンが、今も墓標のようにぶら下がっている。
　変わったことといえば、1970年、それまでのルールだった女性禁制を解いたこと。"女性がいると男性はゆっくり酒が飲めない" という理由から、頑なに伝統を貫いてきたビアパブも、男女平等という時代のうねりには抗えなかった。それでも女性用トイレを設置したのは1985年というから、老舗の意地と葛藤がうかがえる。そうそう、パブには猫がつきもので看板猫もいたけれど、ある時保健衛生局の調査が入り、慣例に終止符がうたれてしまった。残念。埃まみれの店内ディスプレイも、同じく保健衛生局の指導により、2011年に "すす払い" が敢行されたという。それでも今なお、いい意味で "カビ臭い" このバーには、悲喜こもごもな、歴史という目に見えない奥行きが存在している。

→ p157 Map B

15 E 7th Street, New York TEL.212-473-9148
11時〜1時(日13時〜)　無休
mcsorleysoldalehouse.nyc
Beer (2 mugs) $5.5

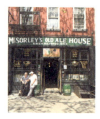

NY最古のアイリッシュバー。ベイブ・ルースからジョン・レノン…。この店に足を踏み入れたと言われる著名人は数知れず。

注文を取りに来たら、とりあえず「ダーク＆ライト」と答えれば間違いない。フードメニューは、チーズやクラッカー、生の玉ねぎなど、かつて労働者に無料で提供していたランチの名残り。

The Roof at Public Hotel

ザ・ルーフ　パブリック・ホテル

マンハッタン、ぐるり360度　　　MH

　現代のラグジュアリーってなんだろう。立派なボーンチャイナの食器で、ルームサービスのコーヒーが部屋に届くことじゃないよね？　そんなプログレッシブな発想を起点に、"すべての人に新しいラグジュアリーを"というコンセプトを打ち出し、ロウワーイーストサイドに開業したパブリック・ホテル。プロデュースしたのは、かつてのブティックホテルの先駆け、NYのモーガンズを手がけたイアン・シュレーガー。チェックインは各自がiPadで済ますとか、館内高速Wifi完備とか、ルームサービスはオンラインでオーダーできるとか、現代版のラグジュアリーを追求した試みで、旧態依然としたホテル業界に挑戦状を突きつけた。

　そんなホテルの18階に位置するのがルーフトップバーのザ・ルーフ。「心臓の鼓動を早くさせるような、唯一無二の体験を」というシュレーガー氏の仕掛けのひとつで、ほぼ360度、マンハッタンの眺望が目の前に広がる屋外に、バーカウンターやソファが用意されている。お酒を飲んでほろ酔いになりながら、世界の中心をぐるりと見渡すのは、なかなか価値ある体験。視点を変えれば、見えるものも変わる。街に、自分に、きっと何か面白い発見があるに違いない。

バーの入口はホテル脇の通路。年齢が確認できる身分証明書を見せ、手にスタンプを押してもらい、直通エレベーターへ進む。週末は大混雑。陽が沈む前の眺望も、ネオン瞬く摩天楼も、かなりの見ごたえ。

→ p157　Map B
215 Chrystie Street, New York
TEL 212-735-6000
17時〜2時(木金土〜4時)　無休
publichotels.com
@publichotels
Original Cocktail $17〜

Grimm Artisanal Ales

グリム・アーティサナル・エールズ

クラフトビールおたくの聖地　　BK

　ジプシー・ブリュワリー、あるいはノマディック・ブリュワリー。自ら醸造所を持たず、すでに稼働している醸造所を借りて、自身のクラフトビールを醸造し、ビアバーやイベントで販売する。ブルックリンを拠点にするグリムは、そんな根なし草のブリュワリーのひとつだった。

　「今から5〜6年前かな。グリムを知ったのは」と話すのは、クラフトビールをこよなく愛する友人のジェシー。ジプシーだったグリムが、2018年夏についにブルックリンにオープンした醸造所兼タップルーム（自家醸造のビールを提供するバー）で、ぐびっとビールをあおりながら目を細める。「グリムがここまでの人気を得たのは、やっぱり彼らのサワービールとダブルIPA（アイピーエー）によると思うね。それからクールなラベルデザインも。数年前は超オタク的な存在だったけど、最近は名前が知れ渡って、オタク感は少し薄れたかな」。

　サワービールはその名の通り酸味のあるビール。乳酸菌などによって発酵させ、フルーツを加えるなど、手法も味わいもさまざま。一方のダブルIPAは、大量のホップで仕込むインディアン・ペールエール（略してIPA）ビールの、さらにホップ増し増しバージョン。フルーティかつ旨みを感じる苦み。メリハリあるその味は、軽いピルスナーにはもう戻れないかも、というぐらい魅惑的。例えばグリムのダブルIPAの中でも、3種のホップを用いたSplish（スプリッシュ）は、まるでビターな出汁のようだし、Cloud Landing（クラウドランディング）は、もはやフルーツ果汁だよね、という爽やかさ。「うーん、Piny!（松のようなフレッシュさ）」とジェシーも思わず唸る。ダブルIPAをさんざん試したら、〆はスタウト（黒ビール）のIcing on the cake（アイシング・オン・ザ・ケーキ）を。「芳ばしい！ ほんのり甘みをきかせた麦茶じゃない？」「いや極上のアイスコーヒーだよ」と盛り上がり、宴もたけなわ。気づいたら酔いが足にきていて、すっかり千鳥足。それもそのはず、ダブルIPAは8％、スタウトは10％というアルコール度数なのだった。飲みすぎにはくれぐれも注意。

→p158　Map**C**

990 Metropolitan Avenue, Brooklyn
TEL 718-564-9767
17時〜22時（木金〜24時）、土12時〜1時、日12時〜22時　無休
grimmales.com　grimmales
Draft Beer(4oz) $4, (8oz) $6, (14oz) $7〜,
Pickled Vegetables $6, Pumpernickel Pita & Dips $12

バーカウンターでビールを注文し、席まで持って行くセルフサービススタイル。何杯かビールを楽しむ予定なら、最初のオーダー時にクレジットカードを渡して「Open」と伝えておくと便利。カード情報がレジに登録され、最後にまとめて一括会計できる。ピクルスやナッツなどのおつまみを提供するフードカウンターは別途アリ（別会計）。

ほとんどのビールが、4oz（約120㎖）、8oz（約240㎖）、14oz（約410㎖）の3種類から選べる。試し飲み天国。

The Bar Room at Temple Court

ザ・バールーム　テンプルコート

ぞくっと幻想的な吹き抜けの下で　　MH

深遠な歴史に触れると、NYの街に対する別の目が開く。そんな体験をしたのが、ザ・ビークマンホテルだった。十数年もの間、手つかずだった建物をリノベートし、2016年に開業したホテル。そのハイライトといえば、9フロアからなる荘厳な吹き抜け。真下に位置するバーラウンジ、ザ・バールーム テンプルコートから、初めて吹き抜けを仰ぎ見た時、あまりの幻想的な景色にぞくっと鳥肌がたったほど。怖いもの見たさで階段を上り、今度は階下を見下ろしたら、吸い込まれそうなほどマジカルな眺めで、背中がぞわっとし、足がすくんだ。

資料によると、ザ・ビークマンホテルが建つこの地は、1871年にシェイクスピアのハムレットがNYで初演された場所。その後、クリントンホールと呼ばれる図書館や読書室を有する施設に変わり、作家のエドガー・アラン・ポーやマーク・トウェインが原稿に向きあったという。土地の引き寄せ感が尋常じゃない。現在の建物が建造されたのは、1881〜1883年。英国のクイーン・アン様式を手本にデザインされた建物は、最上階から飛び出た2つの塔がランドマーク。以来、建物は2000年代初頭まで、貸しオフィスとして、弁護士や建築家、保険会社、広告エージェンシーなどに利用されていた。ちなみに自慢の吹き抜けは、消防法によって1940年代に全面壁で覆われ、この場所で働く人ですらその存在を知らなかったとか。ヴィクトリアンスタイルの豪華な欄干で飾られた吹き抜け空間が、朽ちることなく保存されたのは、もしかしたらその壁のおかげなのかもしれない。

1階バーラウンジでメニューを手に取る。オリジナルのカクテルには、どれも往年の作家や画家の名がつけてあり、壁に飾られている肖像画やペイント同様、いずれもこの街と何らかの関わりがある人物だという。カクテル"トルーマン・カポーティ"を注文し、そうか『ティファニーで朝食を』は氏の作品だったと思い出す。今度は小説を通して、本の中のNYを訪ねてみることにしよう。

→ p157　Map B
5 Beekman Street, New York
TEL 212-658-1848
6時30分〜24時　無休
templecourtnyc.com
@templecourtnyc
Cocktails $18

上から見下ろしたバー。各フロアはホテルの客室になっている。すぐ隣のレストランTemple Courtと共に、スターシェフ、トム・コリッキオの監修。コブサラダやステーキタルタルなど食事も提供。

The Gatehouses
ザ・ゲートハウズ

変幻自在なクラフトウィスキー   BK

　ウィスキーグラスに投げ入れられているのは、チョコがけのチェリー＆バーボンアイスキャンディー。ショットグラスで添えられたチョコレートウィスキーをちびちびまわしかけ、アイスの棒を転がしながら、溶け出た液体をありがたくすする。苦みと甘み、鼻の奥からほわんと抜けるウィスキー。子どもの頃、興奮を覚えたチェリーボンボンみたい。お酒をまとったアイスキャンディーをかじりながら、大人ってつくづくいいものだ、と思う。誰にも咎められず、アイスも酒も好きなだけ。

　かつての造船所であるブルックリン・ネイビーヤードの入口にあるバー、ザ・ゲートハウズは、同じ敷地内に蒸溜所を構えるクラフトウィスキーメーカー、Kings County Distillery（キングス・カウンティ・ディスティラリー）が手がけるテイスティングルーム兼バー。2014年に法律が変わり、ウィスキー蒸溜所もカクテルやビールなどのバーメニューを提供できるようになったのが開店のきっかけという。オーナーのコリンさん曰く「世界でもまれに見るユニークなウィスキーバー」というここでは、バーボンやウィスキーの試飲はもちろん、それらを変幻自在にアレンジしたカクテルが楽しめる。カクテルメニューは、クラシックとエクスペリメンタル（実験的）の2ジャンル。マンハッタン、ミントジュレップ、オールドファッションなどの、クラシックなものは独自のひねりを加えて。前述のアイスキャンディーカクテルを始め、ホワイトウィスキー（樽で熟成させないウィスキー）を使ったマルガリータやジントニックなど、この店ならではのドリンクは、もちろん後者のほう。「ファーム・トゥ・テーブルのレストランと同じように季節感を大切にしています」とコリンさん。例えば冬ならホットトディ（蜂蜜入りのホットウィスキー）やアイリッシュコーヒー、スパイクサイダー（アップルジュースとウィスキーの温かい飲み物）を用意しているという。バーではウィスキーボトルも販売。蒸溜所ならではのレアなボトルや限定品もあるというから、とても手ぶらでは帰れそうにない。

→ p159　Map D
299 Sands Street, Brooklyn　TEL 347-689-4180
10時〜22時、土12時〜22時、日12時〜20時　無休
kingscountydistillery.com　@thegatehouses
Cocktails $10〜（Popsicle with Chocolate pour $12）, Whiskey and Bourbon (pour) $12〜

1800年代後半に建てられた要塞のような石造りの塔の中にバーがある。朝10時(週末は正午)からオープンのため昼酒三昧。レモネードやコーヒーなどノンアルコールドリンクもある。(右下)ブルックリン発のアイスキャンディーメーカー、People's Popsとコラボしたカクテル。主に春から秋にかけてメニューに登場する。

Kings County Distillery Tour

キングス・カウンティ・ディスティラリー・ツアー

大人のウィスキー蒸溜所見学

　ポスト大量消費社会のブルックリン、フードシーンではクラフトの勢いが止まらない。ジャム、ホットソース、ビール…、熱意ある作り手が、素材や製法を吟味し、手間暇惜しまず少量生産する。クラフトウィスキーもそのひとつで、キングス・カウンティ・ディスティラリーは代表格だ。2006年設立にもかかわらず、"禁酒時代以降、NY最古の蒸溜所"だそうで、ブルックリン・ネイビーヤード内のレンガ造りの建物に蒸溜所を構えている。

　時代は19世紀、ネイビーヤード近くのヴィネガーヒルはアイリッシュタウンと呼ばれ、アイルランドからの移民によるウィスキー蒸溜所が多数存在していた。1862年、それまで無課税だったウィスキーに高額な税が課されたが、蒸溜所は納税を拒み続けた。腹を立てた連邦政府は、アイリッシュタウンに軍隊を送り込み、住民たちはレンガや岩を投げて応戦、通りにはウィスキーマッシュと呼ばれる麦芽の液体物がぶちまけられ、ウィスキー戦争が勃発したという。

　そんなウィスキーとの関わりが深い場所を拠点にするキングス・カウンティが製造しているのは、NY産の有機とうもろこしが原料のストレートバーボン、独特のスモーキーなピート香をつけたスコッチウィスキー風バーボン、樽で熟成しない透明なホワイトウィスキー（別名ムーンシャイン）、さらにカカオハスク（カカオ豆の殻）でホワイトウィスキーに風味を付けたチョコレートウィスキーもある。

　郊外の山脈を水源とし、水道水のコンテストでも常に上位というNYの水を使用しているキングス・カウンティのウィスキー。「実際は水だけではなく、材料となる穀物、蒸溜装置、熟成の環境など、フレーバーに役割を果たすものはたくさんあり、最終的にウィスキーの良し悪しを決めるのは、作る人だと思っています。自分たちのウィスキーが、どんな味わいであってほしいか、そこに情熱を傾け取り組むのは、僕ら人間ですからね」とはオーナーのコリンさん。そんな彼らの蒸溜風景を見学できる有料ツアーが毎週開催されている。ツアー最後にウィスキーの試飲付き。ほろ酔いになったところでお買いものという、大人にとっては嬉し楽しい社会見学だ。

→ p159　Map D

ツアー（英語）は火曜から日曜まで開催、1人14ドル。まずはかつてのアイリッシュタウンやウィスキー戦争といった歴史を学び、蒸溜所や熟成庫を見学するツアーは1時間ほど。事前にネットから申し込みが可能。kingscountydistillery.com/tours/

113

(左上)木製の桶で発酵されている麦汁。(右上)蒸溜所の2階にある熟成庫。実はこの蒸溜所、看板猫(名前はジェフィー)がいることでも知られている。その姿を一目拝みたく探したけれど、残念ながらこの日は会えず。(左下)参加者全員が目を輝かせる、ツアー最後の試飲会。ストレートバーボン、ピーテッドバーボンなど4種類の味見ができる。

Honey's

ハニーズ

バーの新潮流、蜂蜜のお酒ミード BK

ミードというお酒を初めて飲んだのが、このバーだった。花の蜜のような甘い香りのもの、ハーブの草っぽさを感じるもの、深遠なアロマはワインのようであり、フルーツみたいな爽やかな飲み口はカクテルのようでもある。琥珀色や濃いぶどう色、グラスに注いだ色もさまざま。そんな幅こそがミードらしさだという。

ミードはハニーワインとも呼ばれ、その名のとおり蜂蜜を主原料に作られるお酒。ワインよりも歴史は古く、ヨーロッパを始め世界各地で作られてきた。最古のミードと言われるものは、中国やインドで発見されているという。ハニーズは、そんなミードを製造販売する醸造メーカー、エンライテンメント・ワインズ・ミーダリーが運営するテイスティングルーム兼バー。NY産の蜂蜜と、たんぽぽ、モミの木、リンゴ、チェリー、ジュニパー、ラベンダーといったローカルな植物や果物を、主に木製樽で発酵させて作っている。フルーツや蜂蜜にもともと付着している天然の酵母によって、ナチュラルな発酵が促進され、その過程で糖分はほぼアルコールに分解されるため、蜂蜜が原料であるにもかかわらず、甘みの少ないドライな仕上がりになる。アルコール度数は12度前後。ろ過せず、できる限り酸化防止剤も加えず、自然体のミードを生産している。

ハニーズでは季節のミードをグラスで楽しめる。中でも印象的だったのは、リンゴと蜂蜜のミード、Fey（フェイ）。舌にほんのりかすかに感じる微炭酸、オレンジワインを彷彿とさせる発酵の香り。もうひとつMemento Mori（メメント・モリ）は、たんぽぽの花と蜂蜜の甘いアロマが漂う、やや甘口ミード。バーテンダー曰く「個性があるから好みが分かれる」銘柄らしい。一番好みだったのは、Dagger（ダガー）。ダークチェリーの酸味とローズマリーのようなウッディな個性のミックス。なぜか、ほかのミードとは違って、ロックグラスに氷入りで提供されるのは、「アルコール度数が少し高いから。氷を入れたほうが香りも広がるんです」とのこと。飲み方にも幅がある。ミードって、おもしろい。

→ p159 Map C
93 Scott Avenue, Brooklyn
TEL 347-669-1473
17時〜2時（木金〜4時） 無休
enlightenmentwines.com
@honeysbrooklyn
@enlightenmentwines
Mead by the glass $9〜,
Beer $5〜, Cocktail $12,
Wine by the glass $10〜

115

実は今、ミードはアメリカで人気急上昇中のお酒。各地でクラフトメーカーが誕生し、数が急激に増えているという。ハニーズで開かれたミードのイベントに参加したら、熱心な参加者たちで会場は満員。その熱狂ぶりがうかがえた。(右下)カウンターのガラス越しに、醸造所に並ぶミードの樽が見える。自社のミードを使ったカクテルも提供。

助かる深夜営業1

Veselka
ヴェセルカ

夜更けにボルシチ

MH

　ボルシチといえばヴェセルカ。1954年にウクライナからの移民夫婦が、当時"リトルウクライナ"と呼ばれたイーストビレッジの一角にニューススタンド（売店）をオープン。ウクライナ語で虹を意味するその店で、スープやサンドイッチを販売した。以来半世紀以上にわたり、世代交代や店の改装を経ながらも、ビーツをふんだんに使った真っ赤なスープ、ボルシチは欠かさずに提供されている。

　丸ごとビーツを煮て濾したビーツウォーターと呼ばれる煮汁と豚肩肉＆牛肉のスープを合わせたら、にんじん、キャベツ、じゃがいも、別に煮たビーツ、リマビーンズ（ライ豆）を加える。ビーツウォーターと肉系出汁の2種を合わせるのが、スープに深みを出す秘密らしい。ビーツの赤を維持するため酢を加えるせいか、この店のボルシチは酸味をしっかり感じる味。「夏には、冷たいボルシチスープもあります。バターミルクを加えるからピンク色。暑い日にはぜひ食べてほしい」とは店のスタッフ。ヴェセルカはタフな24時間営業。ボルシチのほか、もちもち皮の餃子ピロギ、ウクライナ版ロールキャベツ（Stuffed Cabbage）などの名物が、真夏でも雪の日でも真夜中までスタンバイしてくれている。

ボルシチはサワークリームと自家製パン付き。じゃがいも、ビーフ＆チキン、チーズなど、7種の具から選べるピロギは、茹でか揚げかを選ぶ。ロールキャベツは、ひき肉に白米が混ぜてあり、具がふっくら。

→ p157　Map **B**

144 2nd Avenue, New York　TEL 212-228-9682　24時間営業　無休
veselka.com　@veselkanyc
Ukrainian Borscht(bowl) $8,　(cup) $5,　Pierogi(choise of 4) $7,
Stuffed Cabbage $17,　Blintzes single $8

助かる深夜営業 2

Gray's Papaya
グレイズパパイヤ

NYの元祖ファストフード
MH

　ドイツ移民がアメリカにソーセージをもたらし、東欧からのユダヤ移民がビーフ100％の牛肉ソーセージを生み出して、NYのホットドッグが誕生した。ホットドッグ屋の本家と言われるのは、アッパーイーストにあるパパイヤキング。パパイヤジュースを始めとするトロピカルドリンクを販売するべく1932年にスタート。やがてホットドッグを売り出したら大ヒットして、同業者が次々に登場。パパイヤパラダイス、パパイヤヘブンなど、パパイヤな店が街に溢れたという。

　私がよく行くのは、アッパーウェストに店を構え、本家最大のライバルといわれる24時間営業のグレイズパパイヤ。店に入ったら一直線にソーセージのグリル台の前へ。焼き係の店員に、「チーズ＆レリッシュ」や「チリ」など好みのトッピングをオーダーする。完成したホットドッグがレジにスライドされたら、飲み物（もちろんパパイヤジュース！）を注文して会計。パンが水分を吸ってべちゃべちゃになる前に、店内のカウンターで即座に立ち食い。ものの2分、約5ドル。NYの元祖ファストフードである。

まろやかな口当たりのパパイヤジュースはホットドッグと意外に合う。ザワークラウト＆玉ねぎのソースは無料。レリッシュ、チリ（ハラペーニョ）、チーズ、マヨネーズはプラス50セント。トッピングなし、ケチャップとマスタードで食べる常連も。

→ p156　Map A

2090 Broadway, New York
TEL 212-799-0243
24時間営業　無休
grayspapaya.nyc 　grayspapayanyc
Local Special (1 hot dog & 1 drink M size)
$4.5、Recession Special (2 hot dogs & 1 drink M size) $6.45

> 助かる深夜営業 3

Katz's Delicatessen
カッツ・デリカテッセン

週末は朝までパストラミ

MH

貪欲。そんな言葉がこの店にはぴったりだ。山盛り肉のパストラミサンドを求める人たちの、ぎらぎらした食欲がうずまく店内。カウンターの向こう側では屈強な男たちが、まるで武器みたいな鋭い刃物で肉の塊を突き刺し、切り分ける。その荒っぽい腕前に反し、スライスされる肉片は均一でエレガント。受け取ったパストラミを片手に、混みあうフロアをテーブル席へと急ぐ。隣も後ろもみんな大口をあけ、肉の山に食らいついている。同じ食欲でつながった、同志たちよ。

カッツ・デリカテッセンの創業は1888年。もともと小さなデリとしてロウワーイーストサイドにオープンした店を、1900年代初頭に初代オーナーのカッツ氏が買い取り、現在の店名に。やがてオーナーが交替し、場所も変わり、36席だったテーブルが300席近くになり、一帯がユダヤ移民の街から若者が集まるヒップな街へと変貌しても、カッツはカッツのまま。コンビーフもパストラミも、相変わらず時間をたっぷりかけて（下ごしらえに約30日を要する）調理されている。実はパストラミサンドはボリュームがありすぎて、私が好んで食べるのはチリビーンズがこんもり盛られたチリドッグだったりするのだけれど。それでも十分、カッツらしさを噛みしめることができる。

→ p157　Map **B**
205 E Houston Street, New York
TEL.212-254-2246
8時〜22時45分（木〜2時45分、
金〜日の閉店まで24時間営業）　無休
katzsdelicatessen.com ◯ katzsdeli
Katz's Pastrami Hot Sandwich $22.45,
Katz's Corned Beef Hot Sandwich $21.45,
Rueben Hot Sandwich $23.45,
Chili Dog $5.95

入口でチケットをもらい入店。カウンターでオーダーしたら、チケットに記してもらう。食事が終わったらチケットを持って、出口にある窓口で会計。だからチケットはなくさないように。

> 助かる深夜営業 **4**

The Donut Pub
ザ・ドーナッツパブ

24時間、ドーナッツの甘い罠

MH

　チェルシー界隈のレストランでディナーを終え、ほろ酔いの足で14thストリートを歩き、地下鉄の駅へ向かう。もう十分お腹はいっぱいなはずの私を、店頭のガラスショーケースに並ぶ豊満なドーナッツたちが誘惑するハニートラップ。それが、この24時間営業のドーナッツ店。飾り気のないフレンチクルーラー、チョコレートリングやオールドファッションといった正統派から、ピンクや青のスプリンクルシュガーをちりばめたジャンク系、カスタードクリームがパンパンに詰められたグラマラスなタイプまで、数十種類が棚に居並ぶ。そうしていつも気づけば、手にはドーナッツ数個をおさめた紙袋が握られている、という具合なのだった。

　ザ・ドーナッツパブは1962年開店。ブルックリン生まれの兄弟がマンハッタンにオープンし、次々に店舗を増やしたけれど、兄弟共にウォールストリートで金融の職を得たのをきっかけに、現在の1店舗のみを残すことに。開店から半世紀以上、ここ数年は食材や味に趣向を凝らしたクラフトドーナッツが増えたけれど、この店のようなオールドスクールなドーナッツはやはりいい。懐かしさと親しみやすさ、抗いがたい居心地のよさみたいなものがあるのだ。

→ p157　Map **B**
203 W 14th Street, New York
TEL 646-398-7007　24時間営業　無休
donutpub.com　@thedonutpub
French Crullers $3, Chocolate Ring $1.75,
Chocolate Dippers $3, Boston Kreme $2,
Honey Dip $1.75

ドーナッツといえばやっぱりフレンチクルーラー。コーヒーやハーブティーなどのドリンクのほか、サンドイッチなどの軽食も販売。店の奥にはカウンター席がある。

Chapter 7

テイクアウトの
うれしい味方

"Stay here or To Go?"
(ここで食べてく？ それとも持ち帰り？)
惣菜も、レストランの食べ残しも、
To Go（トゥゴー）と伝えれば
テイクアウト用の容器に入れてくれる。

Zabar's（p122）のスモークサーモンは、
熟練の職人たちによって丁寧にハンドスライスされる

Zabar's

ゼイバーズ

| ユダヤのスーパーで、燻製魚介に目移り | MH |

　紙のように薄い。そう形容されるこの店のスモークサーモンは、専門のスタッフが、一枚一枚ナイフでそぐように切り分ける芸術品。ありとあらゆるチーズが居並ぶチーズ売り場は、NYで目におさめておきたい食風景のひとつだし、食いしん坊としては冷温のお惣菜もいちいち気になって仕方がない。それがアッパーウェストにあるユダヤ系老舗スーパーマーケット、ゼイバーズだ。

　創業は1934年。ウクライナからの移民夫婦が始め、その後、息子や孫に引き継がれた店は今も家族経営。最近は歴史ある老舗も新興のスーパーも均一化し、似たような品揃えになったけれど、ゼイバーズだけはやはり別格で、その最大の理由は、愛してやまない燻製ムール貝（Maine Smoked Mussels 丸いパッケージ入り）が売られているからなのだった。ぷりっと身厚で、燻製香をまとったオレンジ色の剥き身は、「あとは白ワインさえあれば」という逸品。ゼイバーズ以外の食材店では見つけられず、わざわざアッパーウェストまで足を運ぶ理由になっている。

　ゼイバーズに来たら、せっかくなので各種スモークサーモンを買うのがいつものパターン。売り場には種類がいろいろあるので、下調べをしてから出向くと注文がスムーズ。ゼイバーズの名物Nova（ノヴァ）は、塩と砂糖でマリネした後、ヒッコリーの木で低温燻製したスモークサーモン。味わいはマイルド。Scotch（スコッチ）は、ノヴァよりも燻製香が強く（私はこちらが好み）、ダブルスモークとも呼ばれている。一方、スモークされていないサーモンがLox（ロックス）。塩や砂糖でマリネしただけなので塩分強め。同じロックスでもBelly（ベリー）は、脂がのっていてこってりしている。さらにベイクドサーモン（別名Kippered Salmon キッパードサーモン）という高温で燻されたサーモンもあり、スモーキーでしっとりした焼き鮭といったところ。さあ、今夜は家でサーモンを肴に晩酌だ、とあれもこれも買い込んだら「今日はいったい何のパーティなの？」なんて店員に聞かれてしまった。

→ p156　Map A

2245 Broadway, New York　TEL 212-787-2000
8時〜19時30分、土8時〜20時、日9時〜18時　無休
zabars.com　@zabarsisny
Maine Smoked Mussels $7.99,
Smoked Salmon Nova 1/4 pound $12〜$14
Baked Salmon 1 pound $35,
Pickled Lox $12.96,　Cucumber Salad $6.99

123

商品が整然と並ぶ陳列棚は、NY百景のひとつ。スモークサーモンのカウンターでは番号札を取り、呼ばれるまで順番を待ち、重さ(パウンド)で注文する。クォーターパウンド(120g前後)で6スライスぐらい。(右上)薄くスライスされたスモークサーモンは、種類ごとにアルミホイルに包んで渡される。(左下)毎度購入するのは、キュウリとディルのサラダ、燻製ムール貝、角切りサーモンの酢漬け(ピックルドロックス。塩や砂糖、月桂樹でサーモンをマリネしてある)。

Smile To Go

スマイル・トゥ・ゴー

チキンと好みのサラダでNY弁当

MH

鶏の胸肉って、こんなにも弾力があってジューシーで滋味に満ちたものなのか。鶏肉といえば断然モモ派だった私を、あっさり胸派に寝返らせたのは、この店のロティサリーチキンだった。スマイル・トゥ・ゴーは、バワリーにあるレストランThe Smile（ザ・スマイル）のTo Go（持ち帰り）専門店。ギリシャとNYで育ったという女性シェフのメリアさんが指揮をとる料理は、地中海料理をベースにしつつ、シーズナルな食材を用い、ニューヨーカーたちがときめくツボをしっかりおさえたラインナップ。例えばサラダは、ケール＆ローストカリフラワー、フェンネル＆ポメグラニット（ざくろ）、ローストビーツ＆スイートポテト、キヌア＆シイタケといった具合。その中から好みのサラダ2〜3種と、ローズマリーが薫るロティサリーチキンのハーフを組み合わせるのが、いつもの持ち帰りメニュー。店内は狭く、混みあうので、暖かな季節ならCrosby Street（クロスビー・ストリート）の角を曲がったところに建つホテル、ノモ・ソーホーへ。緑がわさわさ繁るサンクチュアリなテラスに腰をおろし、野菜もりもり、味つけ薄めが嬉しいNY弁当に没頭する。健やかに食べて体を整えたい。そんな時はこれに限るのだ。

ロティサリーチキンに組み合わせたのは、キュウリとフェンネルのサラダ、にんにく＆タラゴンが隠し味のローストビーツサラダの2種。ソーホーのほか、マンハッタンのフラットアイアンとブルックリンのダンボにも店舗あり。

→ p157　Map B

22 Howard Street, New York
TEL 646-863-3893
8時〜18時（土日10時〜）　無休
smiletogonyc.com　@smiletogonyc
Half Rotisserie Chicken with two Market Menu(salad) $15

Foragers Market

フォラジャーズ・マーケット

買って食べられるグローサリー　　　MH

　食べることが好きな私は、暇さえあれば食品が売られている場所をうろつきたがる。時間を潰すのはもっぱらスーパーマーケットやグローサリーストアだ。ファーム・トゥ・テーブルを掲げ、ローカルなフードプロダクツを揃えるフォラジャーズはそんな私の徘徊場所のひとつ。オリジナルのラベルが貼られたかわいい蜂蜜や袋詰めのポップコーンなんかを、ついぶらぶらしがてら購入してしまうのだった（デザインのいい紙袋も目当てだったりする）。特にマンハッタンのチェルシーにある2号店はレストラン併設で、平日朝8時から夕方16時は、テーブル席をセルフで利用できるという穴場。お惣菜、スープ、サラダ、スイーツなど、グローサリーストア内で好きに買ったものを持ち込み放題。コーヒーとマフィンでカフェ的に利用する人もいれば、ロティサリーチキンとサラダ数種を皿に盛り、ナイフとフォークでがっつり食べている人もいる。自由だ。セルフだからもちろんチップはなし。オーガニック・スーパーマーケットのホールフーズも同じシステムだけれど、雑多な人でごった返すあちらとは違って、こちらは心穏やかに食事ができるダイニングといったところ。キッチンで毎日調理される惣菜は、野菜や肉の旨みがくっきり、ごまかしていない味。そんなところにも好感がもてる。

（左）ケールのサラダと豆のスープ。惣菜は量り売り。レストランをセルフで利用できる時間帯は「Stay here」と言えば、白いお皿に盛ってくれる。食べきれず持ち帰ることも考え、私はたいがいTo Go派。

→ p157　Map B
300 W 22nd Street, New York　TEL.212-243-8888
8時〜22時（日〜21時）　無休
foragersmarket.com 🅞foragersnyc
Rotisserie Chicken(half) $11,
Salads & Vegetables(1pound) $13.95,
Organic Salmon(1piece) $9,
Soup Small(Yellow Split Pea Soup) $4.49

Marlow&Daughters

マーロウ＆ドーターズ

ブルックリンの食材店で肉食考　　BK

　とりわけ肉食に関して、NYの人々には各々ポリシーがあるように思う。ある友人は「生き物の殺傷に加担したくない」との理由でもう20年も肉も魚も食べないヴィーガンだし、ある知人は「アメリカの間違った畜産業に異議を唱えて」魚と野菜のみを選択するペスカトリアンだ。肉食派の人でも、牛や鶏がどう育てられたかに常に注意を払い、「オーガニック・スーパーマーケットの肉だからって信用しちゃだめ」と私に忠告した友人もいる。自分には無理とか、ストイックすぎるとか、いろんな意見があると思うけれど、おざなりに食を済ませず、口にするものに気を配り、主義を貫く姿勢は純粋に素晴らしい。

　ブルックリンにある肉屋兼食材店のマーロウ＆ドーターズは、そんな一家言ある消費者たちが頼りにしている店。肉や野菜の仕入先は、規模は小さいけれどサステイナブルな取り組みの地元農家。例えば牛や羊は牧草地でのびのびと育てられたもの、豚や鶏も十分に動き回れる場所と、健康的な餌を与えられたもの。当然、成長ホルモン剤や抗生物質の投与はゼロ。それらを一頭買いし、ブッチャーたちが店内でさばいて販売する。同時にブルックリンにある系列のレストランへ卸し、自家製のパテやソーセージ、鶏がらや牛骨スープに加工し販売して、無駄のない消費に努めている。この店の鶏一羽を求めて茹で鶏にしたり、牛ひき肉でハンバーグを作ったりしたけれど、健全な食材で家ごはんのレベルが格段に上がることに驚いたし、自分の買い物が志の高い生産者を支え、良質な食材を持続的に供給するシステムに少しでも役立った、というささやかな充足感もあった。

　自炊できない旅行者には、持ち帰り食のよい調達場所。チーズ、自家製スモークハムやローストビーフ、ケールのサラダなどのお惣菜、サワードウ・ブレッド（天然酵母パン）まで揃うから、あとは近所でワインでも買えば、ファーム・トゥ・テーブルな部屋ごはんの完成。クラフトフードの宝庫でもあり、ジャムやグラノーラなど、食にうるさい人へのおみやげも、間違いのないものが探せる。

→p158　MapC

95 Broadway, Brooklyn　TEL 718-388-5700
11時〜20時（日〜19時）　無休
marlowanddaughters.com　@marlowanddaughters
Housemade Roast Beef 1 pound(450g) $23,
Roast Chicken half $10,
惣菜 1 pound $20前後,
She Wolf Bakery Sourdough Batard $7

店奥で捌かれる精肉の美しさ。ハムやローストビーフ、シャルキュトリは量り売り。リクエストすればスライスしてくれる。

1999年、ブルックリンのウィリアムズバーグにバーが数軒しかなかった頃、レストランDiner（ダイナー）を開いて、その後のブルックリンのフードシーンを牽引したアンドリュー・ターロウ氏がオーナー。数軒先にダイナーと、同系列のレストランのマーロウ＆サンズもある。かわいいし、おいしそうだし、買いたくなるディスプレイ。おみやげには自家製グラノーラ、クラフトチョコレートなどを。

By Chloe. Williamsburg

バイクロイ ウィリアムズバーグ

ヴィーガンは退屈な素食じゃない [BK]

　肉、魚、卵、乳製品などの動物性食品を一切とらないヴィーガンな人たちが周りで増えている。以前とあるホームパーティでは、10歳の女の子が堂々のヴィーガン宣言、彼女の両親がその意思を尊重しているのを見て、感心したのだった。

　若者のヴィーガン志向にはレストランの影響も大きく、そのひとつがバイクロイじゃないかと踏んでいる。西海岸出身の女性シェフ、クロイ・コスカレリさんが20代後半で大手外食チェーンと組んでスタートした店。10代の頃からヴィーガンの彼女は料理学校で学んだ後、レシピ本を出版、テレビの食専門チャンネルにも出演して注目を集めた（すったもんだあって、現在はバイクロイの経営からは離れている）。バイクロイに並ぶのは、バーガーやホットドッグ、カップケーキなど、街中の店となんら変わりないメニュー。ところが中身はもちろんヴィーガン。きのこと豆のミートボールをトマトソースで挟んだサンドイッチだったり、キヌアや大豆たんぱくのソーセージを、アボカド、レタス、カリカリのトルティーヤチップスと盛り合わせたサラダボウルだったり。どれも"ストイックな素食で、味は置き去り"という私の勝手なヴィーガン像を覆す、味と食感の楽しさなのだった。カジュアルなファストフード店方式のため、一人ごはんにもうってつけ。我が家では、忙しい合間にサラダボウルをさくっと持ち帰りするなど、すっかり愛用している。

とうもろこし＆カリフラワースープと、テンペやキヌア、ワンタンの皮の揚げたものをピーナッツソースで和え食べるスパイシータイボウル。店は現在NYに6軒。

→ p158 Map C

171 N 3rd Street, Brooklyn　TEL 347-379-4821
11時～22時（金～23時）、土10時～23時、
日10時～22時　無休
eatbychloe.com　@eatbychloe
Quinoa Taco $11.95,　Spicy Thai $11.95,
Air Baked French Fries $4.25,
The Classic Burger $9.95,
Pesto Meatball $9.95,　Daily Soup(S) $3.95

W-Nassau Meat Market

ダブルナッソー・ミートマーケット

パリッポリッ、燻製ソーセージ　　BK

　NYに暮らし始めてわりとすぐに、東欧出身の友人から教えてもらったのが、ブルックリンのグリーンポイントにあるこの肉屋だった。グリーンポイントはポーランドからの移民が暮らす街で、ポーランド料理店やパン屋などが今も軒を連ねている。友人曰く、この店で絶対に買うべきはKielbasa（キルバサ）で、それはポーランドのソーセージだという。地下鉄出口を出て、真っ赤な日よけが目印の店に足を踏み入れ、「なるほど」とその言葉に納得した。対面式のカウンターの後ろにぶら下がっているのは、50cmぐらいはある幾本もの対のソーセージ。なんていう眼福。揃いの赤いTシャツとキャップに身を包んだ店員に「キャナイハブ・キルバサ？」と伝えれば、「どれ？」との答え。細いのから太いのまで、いろいろあるらしい。わからなそうにしていたら、次々に試食をさせてくれた。どのソーセージもスモークがきいていて、少ししわの寄った皮はパリッと歯切れよく、中身は塩味とにんにくが、ばっちり決まった味。うまい。そのままかじって食べられる最高のおつまみだ。ソーセージのほかにも丸や四角のハムやベーコンなど、肉好きなら嬉しさのあまり卒倒しそうな肉製品のオンパレード。山ほど買ってもすこぶる安く、以来この店を訪れる時はいつもほくほく顔になるのだった。

細いKabanosy（カバノシ）と、ダブルスモークされたWeselna（ヴェセルナ）ソーセージはマスト。商品は番号付きカゴに入れられる。レジで番号を伝えて会計。

→ p158　Map C

915 Manhattan Avenue, Brooklyn
TEL.718-389-6149
8時〜19時（土〜17時）　日月休
Kabanosy 1本 $3前後，　Weselna 1本 $5前後，
Hunters Ham half pound（約225g）$4前後

Chapter 8

食いしん坊の
日帰り旅

NY版海の家があるビーチ、
大富豪が開いた農園＆カフェ、
街から1〜3時間で辿りつける
日帰りスポットへ。
飽食の旅は続くよ、どこまでも。

羊や牛が放牧されている、郊外ののどかな農園
Stone Barns Center for Food & Agriculture（p132）

Stone Barns Center for Food & Agriculture

ストーンバーンズ・センター・フォー・フード＆アグリカルチャー

農園と、カフェと、平飼い卵

9月のある日のスープは冷製コーンスープ。フムスのオープンサンドは、熟れた黄色いキュウリと、ぱりっとした緑色のキュウリの食感のコントラストが素晴らしい（サンドイッチ$8〜）。

　アメリカの石油王、NYの大富豪といえばロックフェラー家。マンハッタンの北、グランドセントラル駅から列車で1時間のところに一族が所有する広大な土地があって、そのほんの一部にあたる趣味のための乗馬場を農園へとコンバートしたのが、初代ジョン・ロックフェラーの孫、故デイヴィッド氏。20世紀、アメリカの農業が商業的な大量生産に突き進む中、小規模な農家の支援や保護に尽力した妻ペギーさんの遺志を継ぎ、氏がクリエイトしたのが、サステイナブルな農法を実践し、人々がそれを学べる非営利の農園、ストーンバーンズだった。

　実はこの農園、一般に開放されているうえ（ただし繁忙期の土日は有料チケット制）、敷地内にはレストラン、カフェ、ショップがあり、食いしん坊な大人の遠足にもってこいの場所。レストランは、世界に名を馳せるシェフ、ダン・バーバー氏によるBluehill at Stone Barns（ブルーヒル・ストーンバーンズ）。あまりに予約困難なため、私はもっぱら予約が不要のカフェとショップを愛用している。カフェの名前は、Grain Bar（グレインバー）で、ブルーヒルのキッチンが調理を担い、マフィンやクッキーなどのベイクグッズのほか、昼頃からはスープ、オープンサンドイッチ、ピザなんかがショーケースに並ぶ。星付きレストランクオリティの軽食を屋外のテーブル席で味わったら、食後は腹ごなしに野菜畑や鶏舎、グリーンハウスなどをぐるっと散策。帰り際にショップへ立ち寄って、平飼いの卵と採れたて野菜をたんまり買い込み、翌朝の卵かけごはんをにやにや思い浮かべながら帰路につく。列車に乗って45分もすれば、牧歌的で夢のようだった農園風景はどこへやら、あっという間にマンハッタンの街へ到着する。

マンハッタンから車で約1時間。列車の場合はMetro-NorthのHudson線Croton-Harmon行きに乗り、Tarrytown駅下車。駅前のタクシーに乗るか、Uberなどのカーサービスを利用する。帰りもカーサービスか、たまたま客を乗せてきたタクシーに乗ってTarrytown駅へ。

　肌寒くなり始めた9月のある日、プレス担当のジェシカさんに農園を案内してもらった。もともとは酪農場だという石造りの建物の裏手へ向かうと、レタスやケールが整然と植えられている畑があった。ストーンバーンズではオーガニック認証こそ取得していないけれど、化学肥料や殺虫剤の使用を控え、再生力のある大地を最優先に考えた農法を実践しているそうだ。土の栄養分を維持するため野菜の連作はせず、畑を休ませることも忘れない。「人間も同じでしょう。労働、エクササイズ、食事、休息、すべてが必要です」とジェシカさん。"畑第一"の農法による、有機物と微生物でいっぱいの肥沃な大地からは、芳醇で美味な野菜が収穫できる。それら四季折々の野菜に加え、鶏の卵、七面鳥や豚の肉などで構成されるコース料理を提供するのが、隣接のレストラン、ブルーヒル。ここではシェフに決定権があるのではなく、ファーマーに重きがおかれているという。「ファーマーがまず仕事をする。料理はそれから。収穫物ありきの料理。そのスタイルを私たちは、ファーム・トゥ・テーブルではなく、"ファーム・ドリヴン（Farm driven 農園先行型）"と呼んでいます」。つまり生産者と料理人の対等な関係が、食の未来を支えるということ。そうした気づきを、広大な農園が五感を通して与えてくれる。ストーンバーンズとはそういう場所である。

630 Bedford Rd, Tarrytown, New York　TEL 914-366-6200
10時〜17時（カフェは16時30分まで）　月火休
※4月〜11月繁忙期の土日は、農園やカフェに入るためのチケットが必要（大人22ドル）。チケットには農園ツアーやワークショップなどの参加費が含まれている。売り切れることもあるので、事前にオンラインで購入するのが望ましい。
stonebarnscenter.org　@stonebarns

Rockaway Riis Park Beach Bazzar

ロッカウェイ・リスパーク・ビーチバザー

夏のビーチ、海の家ならロッカウェイ　　QU

　海水浴場には海の家がほしい。ビールをあおり、フランクフルトにかじりつき、化学調味料たっぷりの醤油ラーメンをすする。水着姿で怠惰に飲み食いできてこそ、海。ところがNYでは、公園やビーチなどの公共の場での飲酒は禁止されているし、ビーチサイドに気のきいた食べものを提供する海の家なんて見当たらない。せいぜい砂浜で、持参したチップスをかじり、炭酸水で流し込むぐらい。なんてつまらないんだろう。

　そんな欲求不満な夏を劇的に変えたのが、数年前にクイーンズ地区のロッカウェイビーチ沿いにオープンした、リスパーク・ビーチバザー。数軒のフード屋台と、アルコールを提供するバーもあって、目の前に広がる砂浜と海を眺め、潮風に当たりつつ、飲み食いを謳歌できるのだ。中でも感激したのは、スラッシュドリンク。子どもの頃にプールサイドで口をすぼめ、ストローで勢いよく吸い込んだ、あのシャーベットみたいな冷たい飲みものが、なんとアルコール入りの大人仕様で楽しめる。フードは、ハンバーガー、ホットドッグ、フレンチフライ、フライドチキン、ピザ、アイスクリームという、海の家にふさわしいジャンクなアメリカン。とはいえ、食材や味つけはしっかり考慮されたクラフトフードなところが、さすがNY。地下鉄でさくっと行けるコニーアイランドのビーチもいいけれど、砂浜の美しさや比較的すいているという利点からも、夏のNYでビーチを満喫するならロッカウェイ！　と声を大にして言いたい。

→ p155

16702 Rockaway Beach Blvd, Rockaway Park
11時〜21時
＊5月末〜9月上旬頃まで。
営業時間は店によって異なる
riisparkbeachbazaar.com　@riisbazaar

135

バーガー、アイスクリーム、ピザなどを販売する屋台が約10軒。砂浜への飲食物の持ち込みは禁止のため、ビーチビューの屋外テーブル席で楽しむ。写真はオーガニックチキンのフライとコニーアイランド風ホットドッグ。

スラッシュはFrozenの名で販売。赤はグアバマルガリータ。茶色はラムコーク。

Fire Island

ファイヤーアイランド

楽園で二枚貝をたらふく食べる

偏見、嘲笑、差別、時には暴力も。かつてのアメリカは、ゲイの人々に対し冷酷だった。本来の自分を偽り隠しながら暮らしていた彼らが、夏のつかの間、解き放たれ、自由になれた場所がファイヤーアイランド。街から東へ2時間ほどのところにある細長い離島は、以来LGBTQの人々が集う楽園と呼ばれている。

ファイヤーアイランドは車の乗り入れが禁止。忙しなく往来する車に邪魔されず、ビーチまでまっすぐにのびる小径をぶらぶらと歩けば、道の両側には木造のうろこ壁やモダンなコンクリートの新旧さまざまなビーチハウスが現れる。刺すような海辺の陽射しが降り注ぐ庭先には、日陰を作る松の大木と、こんもり繁るラベンダーの鮮やかな紫。小径を抜けた先には、どっかーんと広がる砂浜と、果てしない北大西洋の青い海。その景色は分け隔てなくすべての人間に、自由を感じさせてくれる。

そんなわけでファイヤーアイランドは、毎夏必ず訪れる場所のひとつ。目指すは、ファミリー向けのオーシャンビーチで、実は食いしん坊の隠れ目当てがある。それはスティーマーズ（Steamers）と呼ばれる二枚貝。べろんと長く黒い口が、細長い貝殻から飛び出した貝は、ソフトシェルズの名でも知られ、北米の名産。オーシャンビーチの船着き場近くの店で、シンプルに鍋で蒸しただけのこの貝を、むしゃむしゃ無心に食べるのが恒例となっている。口の部分はこりこりとした歯ごたえ、身の部分はアサリよりも濃厚な磯の味で、"さざえ"っぽい。別皿で添えられる貝の蒸し汁は飲むためのものではなく、貝を洗う用。口の部分に砂が潜んでいるので、黒い皮を外し、身ごと汁に浸して、じゃぶっと洗ってから口に運ぶ。冷えたドラフトビールをぐびぐび飲んで、貝をたらふく食べたら、あとはビーチで昼寝するだけ。最高だよ、パラダイス。

オーシャンビーチまでの行き方：
Penn Stationから列車LIRR（ロングアイランド・レイルロード）に乗り、Bay Shore駅で降りたら（列車によっては途中のBabylonで乗り換え）、タクシーでフェリー乗り場へ10分。そこからフェリーでオーシャンビーチまで約30分。日帰りの場合は、列車、タクシー、フェリー、すべての往復チケットが含まれるお得なセットが販売されているので、券売機や窓口で購入を（1人約$37）

オーシャンビーチの船着き場から5分のところにあるMaguire's（1 Bungalow Ln, Ocean Beach、12時〜22時）。貝とセットでいつも飲むのはブルームーンビール。なぜかカットしたオレンジが添えられている。

Chapter 9

本当においしい
NYみやげ

食通の友人知人が
きっと小躍りする、
舌に目にうれしいNYみやげ。
NYでは瓶もの・割れものに出会う確率高し。
プチプチ緩衝材の準備を万端に。

ガラス容器入りのドライフルーツやキャンディーが並ぶ
Russ & Daughters (p144) の憧れの棚。

Bellocq Tea Atelier

ベロック・ティーアトリエ

馥郁たる秘密のアジト

BK

　ブルックリンの最北に位置するグリーンポイント、イーストリバーの河岸も間近という、かつては人もまばらだった端っこに建つ、元えんぴつ工場の建物。レンガの壁には、控えめなサインのみ。鉄製のドアを恐る恐る開けると、そこにはめくるめくお茶の世界が待っているのだった。

　NY生まれのベロックは、マーサ・スチュワートのもとで共に働いていた、フードコーディネーターのハイディさん、デザイナーのマイケルさん、そしてインテリアデザイナーのスコットさんの3人が立ち上げたティーブランド。旅のおみやげに各地のお茶を買い、交換していたというハイディさんとマイケルさんのありふれた旅習慣がきっかけだった。低質な茶葉を使用したティーバッグがまだまだ一般的なアメリカで、ベロックが提供する茶葉は、質の高いホールリーフ（茶葉の形がそのまま残っているもの）がほとんど。同じ地域や農園から茶葉を仕入れるシングルオリジンにこだわり、プリミティブな香味のオーガニック茶葉を、できる限り採用している。

　ドアを開けた先は、キャンドルが灯るロフト空間。茄子紺色の壁に整列しているのは、黄色のボディをしたオリジナルの茶缶たち。テーブルには紅茶、中国茶、日本茶、ハーブティー、自家製のブレンドティーとさまざまなベロック・ティーが並ぶ。私が愛飲しているのは、南アフリカのルイボスティーにカルダモンや桂皮、バラやジャスミンの花びらを合わせたNo.39 Hindu Holiday。夏の冷茶には、レモングラスにレモンヴァーヴェナやカモミールをブレンドしたNo.12 Le Hammeau。おみやげにするなら、英国の庭からインスパイアされたというNo.47 The Queen's Guardを。バラの花びらやラベンダーをミックスしたセイロン紅茶は、香り、味わい、そして見た目もエレガント。日本でも販売されているベロック・ティーだけれど、この秘密のアジト的なアトリエで、お茶の世界にどっぷり浸りつつショッピングを楽しめるのは、ブルックリン店ならではだ。

→ p158　Map C

104 West Street, Brooklyn　TEL 800-495-5416
12時〜18時、金土12時〜19時、日12時〜17時　月火休
bellocq.com　@bellocq
No.12 Le Hammeau Yellow Traveler Caddy(43g) $37,
No.39 Hindu Holiday Blue　Traveler Caddy(100g) $40,
No.47 The Queen's Guard Atelier Bag (袋入り) $17,
Peach and Le Hammeau Fruit Preserve $16

部屋に飾りたいキャニスターは、黄色、紺、シルバーの3色。サイズは2種類。気軽なおみやげ向きの袋入りもある。各ブレンドティーの番号は「一部は実用性から。それ以外には秘密の意味が隠されている」とハイディさん。どんな秘密なんだろう…。お茶のほか、蜂蜜やジャムも販売。ブレンドティー No.12 Le Hammeauで完熟桃を煮込んだジャムが絶品。

Russ&Daughters

ラス & ドーターズ

日本からの指定みやげ、チョコプレッツェル MH

　ユダヤ教では、肉と乳製品を同時に食べたり、売ったりすることが禁じられている。そのためNYには、塩漬けした肉を売るデリカテッセンと、乳製品や魚を売るアペタイジングストアの2種類が存在するようになったという。1914年、現在のポーランド南部からやってきた移民のジョー・ラスがNYに開いたのは後者のほうで、現在もロウワーイーストサイドに残るラス＆ドーターズだ。

　ガラスのショーケースに並ぶ艶やかなスモークサーモンを、白衣に身を包んだスタッフが器用にスライスしベーグルで挟む。そのサンドイッチは世界中の人から崇拝されているけれど、私が目指すのは反対側のカウンターに並ぶチョコレートプレッツェル。手のひらサイズの香ばしいプレッツェルに、ビターなチョコレートがたっぷりとかけてあって、ところどころに塩けを感じるしょっぱ甘いおやつ。以前おみやげに日本の友人たちへ買っていったところ大好評で、今では「あのプレッツェルを」と指定みやげになったほど。

　チョコレートプレッツェルはNYのさまざまな場所で売られているけれど、この店のものは太めでごつく、少々野暮な感じ。おしゃれなパッケージもなく、数個だったら紙袋にぽんっと入れて渡される。日本へのおみやげだから、せめて箱詰めにとリクエストすると、何の変哲もない白い箱にプレッツェルをラフに詰め（10個まで入る）、ラス＆ドーターズのアイコンである青い魚のシールをペタッと貼ってくれるだけ。でも、そんな媚びないところが老舗らしくていい。そう思わせるオーラみたいなものが漂うおみやげなのだ。

→ p157　Map B
179 E Houston Street, New York
TEL 212-475-4880
8時〜18時（木〜19時）　無休
russanddaughters.com　@russanddaughters
Dark Chocolate-Covered Pretzels 1 pound（約450g）$16

145

量り売りのプレッツェルは、箱に10個詰めてもらって約＄10。頑丈だから、スーツケースに入れても意外に割れない。

バブカやルグラなどのペイストリーや、ブラック＆ホワイトクッキー。ユダヤならではのお菓子に目移り。プレッツェル以外のおすすめは、グラハムクラッカーやマシュマロ、ドライアプリコットのチョコがけ。

Patel Brothers

パテル・ブラザーズ

魅惑の、おなら塩　　QU

　ブルックリンに暮らすアーティストの浜中卓治さんと、料理上手な奥さまマコさん夫妻のロフトアパートで夕食をご馳走になった時のこと。すごい塩があるんだよ、と卓治さんがおもむろに出してきたのが「おなら塩」(命名は卓治さん)だった。ピンク色をしたチャーミングな見た目をしていながら、強烈な硫黄臭を放つファンキーな塩。「インド食材を輸入してる知り合いから教えてもらったんだよ。日本酒を飲む時に、この塩をちびちび指で舐めててさ。試してみなよって言われたけど嫌だよね。その人の唾液が塩についてるじゃん。あ、俺も同じことしてるか、あはは」(卓治さん)。ということで、私もマイおなら塩が欲しい。「クイーンズのインド系スーパーマーケット。ジャクソンハイツの駅を降りて、大きな通りを行ったところ」という夫妻の拙い情報を頼りにクイーンズへ向かったのだった。

　ジャクソンハイツの駅に降り立ち、Google Mapsでアタリをつけた店へ向かってみたら大正解だった。名前はパテル・ブラザーズ。ちなみにクイーンズは、ブルックリンの北側に広がる、あらゆる移民が暮らすカオスかつ広大な区。それだけにレストランも多国籍、いずれは徹底的に攻めたい場所だ。

　さて、店内に足を踏み入れると、早速カレーの香りに包まれる。整然と商品が並ぶ清潔な店内、天井高があって想像していたよりも現代的な店構え。袋詰めされた謎のスパイスや、未知の瓶詰め調味料を目の前にウハウハと興奮しつつ、目的の塩コーナーへ。おなら塩の本名はブラックソルト・パウダーで、パウダー状のそれに加えて、真っ黒な塊も売っている。なぜこれを削るとピンクになるのだろう。気になるので両方買ってみることに。そうそう塩は"消えもの"の王様だし、軽くて持ち運びに困らないからと、おみやげ用に数袋まとめて購入した。どうしてNYみやげがインドの塩なのと突っ込まれそうだけれど、多様な人々が多彩な食文化を営む街がNYなのだから、インドのおなら塩だって大いにアリだと思うのだ。

→ p155

37-27 74th Street, Jackson Heights
TEL 718-898-3445
8時〜21時　無休
patelbros.com ⓘpatelbrothers
Black Salt Powder 100g $2.49
地下鉄⑦ⒺⒻⓂⓇのRoosevelt Av-Jackson Heights駅下車、74th Streetを37th Rd方向へ歩いて約2分

おなら塩はクセが強いので、普通の塩のように料理に使うと失敗する。ゆで卵に付けて食べれば温泉卵に変身。

ちなみにおなら塩は、麺つゆの代わりに、ざる蕎麦にばらばらかけて食べても思いのほかいけた。黒い塊のほうは硬すぎて、我が家には削るツールが見つからず、未だ塊のままパントリーに眠っている…。パテル・ブラザーズの店内にはターバンを巻いた店員さんがいたり、サリーをまとったお客さんがいたりする。ここはNYのリトルインド。(右下)店員さんに薦められたギー(バターオイル)は、カレーを調理する際に愛用している。

147

SOS Chefs

SOS シェフス

オリジナルスパイスに鼻孔全開　　MH

「ハーイ、こんにちは。何かお探し？」入店して1分と経たず、店主と思わしき女性に声をかけられる。えっと、あの、ちょっと見てるだけで、もにょもにょ…。これではこの店の実力は発揮されず、買い物も失敗に終わるだろう。店主のアテフさんはチュニジア出身。NYのレストランへ食材を卸売りする会社で働いたのち、夫のアダムさんとSOSシェフスを開店した。ありとあらゆる国のスパイス、塩、穀物、ハーブ、オイル、自家製ビネガーまで約2000アイテムを扱うここは、食材と共に食に関する英知の貯蔵室でもあるのだ。だからひるまず、わからないことは遠慮なく聞くことが、この店の正しい利用法となる。「日本に住む友人の料理家へのNYみやげ、何がいいですか？」、そんなふうに尋ねたら、アテフさんはローカルな蜂蜜、アダムさんは自家製のアリッサ（唐辛子のペースト）とビネガーを推薦してくれた。もっと軽いものがいい。そんな私のわがままに、二人が差し出してくれたのは、自家製のブレンドスパイス。チュニジアで一般的なスパイスTabel（テーブル）は、コリアンダーと唐辛子がベースのコクのある香り。肉のグリルにもソースにも活躍するという。Vadouvan（バドゥバン）はフランス版のカレー粉。フレッシュ唐辛子、玉ねぎ、にんにく、コリアンダーなどがふんだんに使われているから、通常のカレー粉よりも味わいが深遠らしい。エチオピアを始めとする東アフリカで、煮込み料理やシチューに愛用されているBerbere（バーバー）は、パプリカ、唐辛子、クミンがメイン。蓋をあけ匂いをかぐだけでお腹がすいてくる。ほかにも、ルイジアナのホットソースパウダー、中東のザタール…、芳しく未知なるスパイスが次々に繰り出され、鼻孔全開、嗅覚夢中。なるほど、NYの名だたるレストランのシェフたちが、新たなフレーバーやヒントを求めこの店に足繁く通うのも、大いにうなずけるのだった。

→ p157　Map B

104 Avenue B, New York　TEL 212-505-5813
9時〜18時　日休
sos-chefs.com　@ soschefs
Housemade Vinegars Small $15,　Sumac Small $8,
Tabel Small $15,　Vadouvan Small $15,　Berbere Small $15

148

圧巻のスパイス棚。購入したTabelは野菜と煮込んでクスクスに添えて。カレー粉のVadouvanでチキンカレーを作ったら、奇跡のおいしさだった。梅干しみたいな酸っぱい風味のSumac（スーマック）は、赤紫蘇の代用品として活躍。

Yuki&Daughters

ユキ＆ドーターズ

目においしい、肉オブジェ

「本物のソーセージ用の網やパーツを取り寄せ使っているので、業者からは肉屋だと思われているんです」。そう笑うのは、ユキ＆ドーターズの屋号のもと、プレッツェルやソーセージ、ホットドッグなどの食べものを布で制作している松尾由貴さん。東京で雑誌『オリーブ』のスタイリストを経た後、2001年にNYへ。インテリアショップでのインターン、ライター業を経験し、アノニマスデザインな日用品を販売する店KIOSK（キオスク）へ参加。ある時、柳宗理の本の中で、ドイツの編みパンが紹介されているのを見て「目にしすぎて、なんとも思わなくなったものにも美は宿っている。そう考えるとプレッツェルの形ってなんてピースフルでエターナルな形なんだろう…」と思い、プレッツェルを布で作り、KIOSKで売り始めた。ひとつずつビーズを手で縫いつけ、塩を再現するという芸の細かさ。そんなプレッツェルがバイヤーの目に留まり、移転するホイットニー美術館から布オブジェ注文の声がかかる。精肉工場の跡地である移転先をヒントに、松尾さんが提案したのは布製ソーセージ。「まるでアートインスタレーションのよう」と常々思っていたNYのポーランド系やドイツ系肉屋にぶら下がるソーセージからインスピレーションを受け、サラミ、ヴァイスヴルスト（白ソーセージ）、ブラッドソーセージなど、全6種類の布ソーセージを制作。以来、ミュージアムショップで限定販売されている。もちろん私はほぼ全種類コンプリート。部屋の壁にぶら下げ飾れば、食いしん坊にはありがたい限りの目の保養オブジェ。NYで買える"目においしいおみやげ"の最高峰である。

2018年末には、同美術館のアンディ・ウォーホル展のため、布製のキャンベルスープ缶を制作。見事、ウォーホル財団から許可が下り、数量限定で販売。「自分がわくわくしていないと、人をわくわくさせることなんてできない」と話す松尾さん、実は、All-You-Can-Eat Pressという出版レーベルの主宰者で、NYドーナッツマップから始まる人気ガイドマップシリーズも制作している（本人曰く、そちらが本業）。松尾さんが次に繰り出す"わくわく"から目が離せない。

yukianddaughters.com ⓞyukianddaughters
布製ソーセージ $32〜$42
ホイットニー美術館（99 Gansevoort Street, New York　火休）の1階にあるミュージアムショップにて限定販売。

自宅の部屋に飾っているソーセージシリーズ。次に狙うは、同じくホイットニー美術館限定品のプロシュート。

まだまだある、NYみやげ

ジャケ買いピスタチオ
アメリカンな袋に惹かれ購入したら大当たりだったのがこれ。ローストされた殻つきのピスタチオは塩味つき。即おつまみになる。$14.7 Ⓐ

食材店のオリジナルトート
街の小さな食材店では、味なデザインのトートバッグにしばしば遭遇する。Court Street Grocersのものは、青地と白地の2種。$25 Ⓐ

ヴィンテージのプレート
テーブルウェアを扱うFishs Eddy。異彩を放つ店内のヴィンテージコーナーでは掘り出し物がざくざく。上から$11.98、$12.98、$6.98 Ⓑ

希少な蜂蜜酒ミード
少量生産の希少な蜂蜜酒。左・スパークリングのRaise The Roof $30、右・森の香りがするDagger $25。いずれもHoney's (p114) で購入可。

ブルックリン発ウィスキー
左からアイスクリームにかけて楽しめるチョコレートウィスキー$20と、ピート香のバーボン$40。いずれもKings County Distillery (p112) で。

瓶入り塩ピーナッツ
ノースカロライナ州のメソジスト教会の男性たちが手づくりしている、瓶詰めの塩ピーナッツ。素朴なラベルもいい。$9 (p126)

スナックあれこれ
左から順にポテトチップスUtz $1.49 Ⓐ、Foragers (p125) のポップコーン$1.29、根菜チップスTerra $3.5★。どれもやめられない、止まらない。

アイスクリームスクープ
アルミ製だから、固めのアイスも、くるりんと丸くかわいくすくえる優れもの。Zabar's (p122) の2階キッチン用品売り場で購入。$4.49

チョコのアソートボックス
Kreuther Handcrafted Chocolate (p59) の店頭で好きな味を箱詰めに。写真は9粒で$29.25。あらかじめ中身が決まっているボックスもある。

153

オリジナルTシャツ
食材店やレストランの店頭で売られている、グッドデザインなTシャツ。Pies 'n' Thighs(p41)のものは、パイとフライドチキン柄。$15

クッキー詰め合わせ
ドラマ「ゴシップガール」にも登場した老舗イタリアンSant Ambroeus。オリジナルのクッキー詰め合わせは、ガーリーなピンクの缶入り。$35 Ⓒ

ガラス製メジャーカップ
赤が定番のパイレックス製メジャーカップ、うれしい黒バージョンを発見！キッチンに飾りたい。2カップ$9.95、4カップ$11.95 Ⓓ

ほんのり甘いポテトロール
ホットドッグやハンバーガーに欠かせない、ほんのり甘いポテトロールバン。Martin'sのパンが某有名バーガー店も採用。8本入り$3.69 ★

クラッカーよりおいしい
ユダヤ料理のフラットブレッド、マッツォ。Matzo Projectのものは、パリっと硬質で、小麦粉の風味が香ばしく、チーズと好相性。$8.5 Ⓐ

ナッツごろごろグラノーラ
Burrow(p60)のグラノーラは、メープルシロップ＆てんさい糖によるマイルドな甘み。ワインのつまみや、サラダのトッピングに大活躍。$8

バターいろいろ
リッチな風味のバターを、おみやげに大量買いする友人多数。出発直前まで冷蔵庫に入れ、スーツケースで持ち帰れば案外大丈夫。$4前後 ★

Ⓐ **Court Street Grocers** (p159 MapF)
485 Court Street, Brooklyn／courtstreetgrocers.com
7時〜19時、金8時〜19時、土7時〜18時、日9時〜18時　無休

Ⓑ **Fishs Eddy** (p157 MapB)
889 Broadway, New York／fishseddy.com
10時〜21時 (日〜20時)　無休

Ⓒ **Sant Ambroeus West Village** (p157 MapB)
259 West 4th Street, New York／santambroeus.com
7時30分〜23時 (土日9時〜)　無休

Ⓓ **Crate & Barrel** (p157 MapB)
611 Broadway, New York／crateandbarrel.com
10時〜21時、日11時〜19時　無休

★：街中のスーパーマーケットやデリで購入できる

NYの歩きかた

　道が碁盤の目になっているマンハッタンは、東西南北で歩く街。東西を結ぶ横道はストリートと呼ばれ、北へ向かうごとに、14th Street, 15th Street, 16th Street…と数字が大きくなり、南はその逆です。自分がどの方角へ向かっているのか、ストリートの数字から判断できます。また、南北を縦に走るアヴェニューは、5th Avenue, 6th Avenue, 7th Avenue…と東から西へ向かって数字が大きくなります。もしも道に迷った時は、上を見上げ、目印となる背の高い建物を探すこと。例えばダウンタウンのSohoにいる場合、エンパイア・ステート・ビルが見えるほうが北、ワン・ワールドトレードセンターが見えるほうが南です。

　ブルックリンはマンハッタンよりも広く、店が点在しています。地下鉄で行ける場所が限られるので、車での移動が便利です。タクシーよりもUber（ウーバー）やLyft（リフト）などのカーサービスがおすすめ。どんな場所でも10分程度で配車され、行き先を英語で伝える手間も省けます。あらかじめスマートフォンにアプリをインストールし、クレジットカード情報を登録しておけば、NYに到着後、すぐに使用できます。

　マンハッタンでもブルックリンでも、街歩きに欠かせないのが、Google Mapsなどのスマートフォンの地図アプリ。自分の居場所がすぐにわかるほか、目的地までのルート検索ができ（週末の地下鉄のダイヤ変更なども反映される）、店の営業時間も最新のものに更新されていることが多いです。カーサービスにしても地図アプリにしても、ネットへの接続が必須。「パケットし放題」を利用したり、WiFi機器を借りておくなどして、常にネットにつながる環境にしておくことをおすすめします。

おまけ：地下鉄の駅にトイレはなく、街中の公衆トイレもほぼ皆無。日本のコンビニにあたるデリにもトイレがありません。トイレがある場所は、ホテル、美術館、デパート、ホールフーズマーケット、マクドナルド、スターバックスコーヒーなど。店で買い物をした人でないと、トイレのドアを開けるための暗証番号がわからない場合があります。

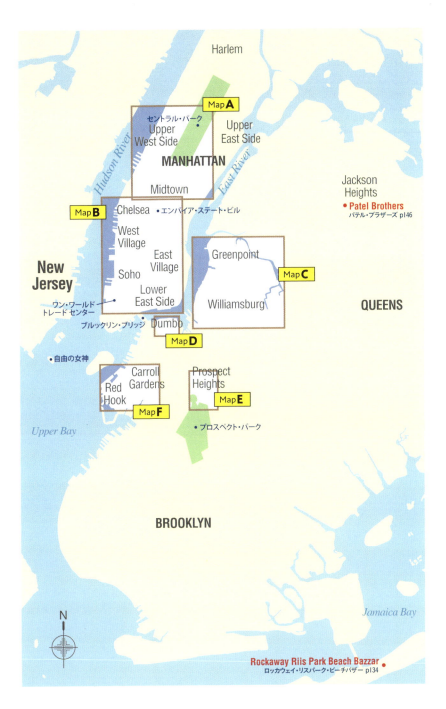

NY エリアマップ

この本の地図の地下鉄の駅は、お店の最寄り駅と、
乗り換えなどで利用することの多い一部の駅に限り掲載しています。
NYの地下鉄の路線図は、www.mta.infoを参照してください。

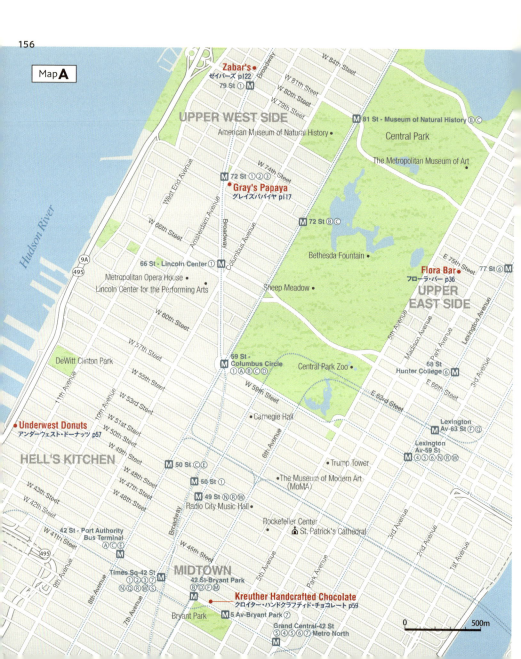

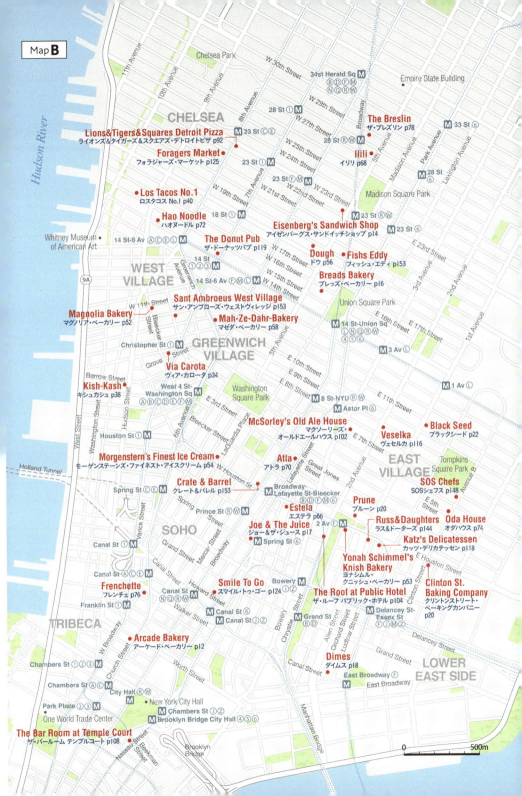

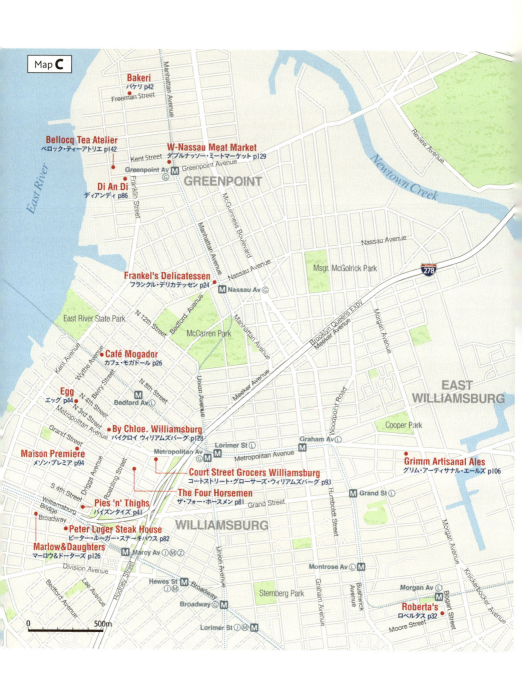

仁平 綾 (にへい・あや)

2012年よりニューヨーク・ブルックリン在住の編集者・ライター。得意ジャンルは、食、猫、ク
ラフト。日本の雑誌やウェブサイトにNYに関する記事を執筆。『ニューヨークの看板ネコ』、
『紙もの図鑑 A to Z』(いずれもエクスナレッジ)、伊藤まさこさん・坂田阿希子さんとの共著『ニュ
ーヨークレシピブック』(誠文堂新光社) などの著書のほか、ブルックリンのおすすめスポットを紹
介する自費出版の私的ガイド本『BEST OF BROOKLYN』は、現在 vol. 01〜03 を販売中。朝日
新聞ウェブマガジン『＆w』の連載「猫と暮らすニューヨーク」が今秋に書籍化の予定。
http://www.ayanihei.com/ ⓞnipeko55

本文・写真 ——— 仁平 綾
デザイン ———— 渡部浩美
地図 ————— フロマージュ
Special Thanks — Jesse Whiles

参考文献：*Savoring Gotham: A Food Lover's Companion to New York City*,
Edited by Andrew F. Smith, Oxford University Press

ニューヨーク おいしいものだけ！
朝・昼・夜　食べ歩きガイド

2019年5月10日　初版第1刷発行

著者　　　仁平 綾
発行者　　喜入冬子
発行所　　株式会社筑摩書房
　　　　　東京都台東区蔵前2−5−3 (〒111−8755)
　　　　　電話03−5687−2601 (代表)
印刷　　　凸版印刷株式会社
製本　　　凸版印刷株式会社

©Aya Nihei 2019 Printed in Japan
ISBN978−4−480−87905−9 C0026

本書をコピー、スキャニング等の方法により無許諾で複製することは、法令に規定された場合を除いて禁止されています。
請負業者等の第三者によるデジタル化は一切認められていませんので、ご注意ください。
乱丁・落丁本の場合は、送料小社負担でお取り替えいたします。